돈 잘 버는 여자들의
1% 튀는 전략

OKANEMOCHI NI NARU ONNA
NARENAI ONNA NO JYOUSHIKI
Copyright ⓒ2006 by Nami YOSHIKAWA
First published in Japan in 2006 by PHP Institute, Inc.
Korean translation rights arranged with PHP Institute, Inc.
through Japan Foreign-Rights Centre / Shinwon Agency Co.

이 책의 한국어판 저작권은 신원 에이전시를 통한 일본의 PHP와의
독점 계약으로 도서출판 이너북이 소유합니다.
저작권법에 의하여 한국 내에서 보호를 받는 저작물이므로
무단전재와 무단복제를 금합니다.

돈 잘 버는 여자들의
1% 튀는 전략

요시카와 나미 지음
김정환 옮김

이너북

서문

현대 여성이 자신이 원하는 대로 풍요롭고 행복한 내일을 손에 넣을 수 있는 금전비결

 이 책은 기업가를 위한 돈 벌기 강좌 책도, 재테크의 전문 지식을 소개하는 책도, 금융 컨설턴트를 해주는 책도 아니다. 평범한 직장 여성이나 주부도 '부자가 가지고 있는 금전 감각'과 '돈에 관한 상식'만 자신의 것으로 만들 수만 있다면 지금보다 훨씬 즐겁고 풍요로운 부자가 될 수 있다는 사실을 알려주고 싶어서 쓴 책이다.

 실제로 예전에는 이마에 땀이 송송 맺힐 정도로 정신없이 일해야 간신히 돈을 벌 수 있던 내가 지금은 즐겁게 하고 싶은 일을 하는 것만으로도 풍요롭고 행복하게 살고 있는 이유는 괴로워도 꾸준히 노력해 온 덕분도 아니고 죽도록 열심히 일해서도 아니다. 다만 '내 머릿속에 있던 돈에 대한 상식'을 바꿨기 때문이다. 예전에 내 머릿속에 있던 돈에 대한 상식을 바꾼 순간, 신기할 정도로 좋은 일만 일어나며 내가 꿈꾸던 부를 손에 넣을 수 있게 되었다. 내 안에 무겁게 자리잡고 있던 돈과 부, 진정한 풍요로움, 행복에 대한 부정적인 생각과 이상한 선입관, 비현실적인 믿음을 버리고 풍요롭고 행복한 사람들의 금전 감각과 상식을 받아들이자, 전에는 상상할 수도 없었던 전혀 다른 감각이 생겨나면서 동시에 수많은 의미 있는 사람들과 멋진 일들, 풍요로운 부가 내게 찾아와 자연스럽게 돈과 행복을 불러 모으는 인생으로 바뀌어 갔다. 그리고 그 과정을 살펴볼 때마다 '돈과 마음은 참 밀접한 관계가 있구나.', '돈이란 어떻게 이다지도 신비하게 움직이는 것일까?', '부는 어떻게 이렇게도 감동적으로 들어오는 것일까?'라는 생각에 돈이라는 존재의 구조와 흐름, 순환 방식, 나타나는 방식에 매료되었다.

그렇게 해서 알게 된 '부유함의 법칙'에 따라 살아가는 동안에, 그 뒤로도 계속 돈이나 그밖의 여러 가지 풍요함이 내게로 쏟아져들어와 더욱 더 풍요로워진 데 대해 더욱 감동하고 감격했으며 감사하지 않고는 견딜 수 없게 되었다.

그래서 여러분도 나처럼 될 수 있다고 알려주고 싶어졌다. 돈이라는 것은 아무리 힘들게 노력해도 그만큼 보상을 받지 못하지만, 머릿속에 든 상식을 바꾸고 기분 좋게, 즐겁게, 풍요로운 마음과 자세로 사는 것이 풍요함을 불러오는 가장 좋은 방법이라는 사실을!

돈은 언제 어느 때라도 사람을 매개체로 움직이는 법이다. 따라서 그 사람이 돈에 대해 어떤 혼으로, 어떤 마음으로, 어떤 의도와 생각으로, 어떤 에너지를 쏟아서 다루었는가에 따라 돈이 나가고 들어오는 양 그리고 손에 넣을 수 있는 양이 달라진다. 그런 돈의 성질과 신비한 원리를 아는 것도 부자가 되고 싶은 사람들에게는 꼭 필요한 요소다.

(부자에 대한 가치관, 즉 '도대체 얼마가 있어야 부자라고 할 수 있는가?'라는 문제는 사람에 따라 다르기 때문에 여기에서는 그 액수에 대해 언급하지 않겠다. 어디까지나 '지금보다 풍요로워지자'를 주제로 이야기한다는 점을 미리 밝혀 둔다)

그저 자기가 하고 싶은 일을 할수록, 무엇인가를 즐겁게 할수록, 가벼운 마음으로 바랄수록 자신이 꿈에 그리던 풍요롭고 행복한 인생을 쉽게 이룰 수 있다면 그보다 더 기쁘고 고마운 일이 어디 있을까? 여러분도 머릿속에 있는 돈과 풍요함에 대한 상식을 바꿔보기 바란다. 그러면 그때부터 좋은 일이 마구 일어나기 시작할 것이다. 또 정말 필요할 때 이익을 보거나 좋은 대접을 받거나 여러분에게 돈을 안겨다줄 기회나 사건, 인물, 일이 생겨나 여러분을 깜짝 놀라게 할 것이다!

과실이 많을 때는 수확도 많다!
요시카와 나미

Contents

서문…4

1장
부자들의 '금전 감각'
생각과 습관을 따라해 부자들의 감각을 빠르게 터득하자!

"돈이 없다."는 말은 입 밖에 내지 마라…15
"돈이 없어."라는 말을 하지 않기 위해 실천해야 할 일…19
돈과 마음의 연관성에 대한 신기한 이야기…24
이유 없이 돈이 융통되기 시작하는 행복한 우연의 매력…27
낭비를 하지 않는다…36
기분이 좋아지는 물건을 사라…42
이렇게 돈을 쓰면 금전운이 점점 강해진다…45
돈을 낼 때도 기분 좋게…49

|칼럼|

똑같은 금액이라도 어떻게 쓰느냐에 따라 이렇게 달라진다!…52

2장
부자에게 어울리는 '마음의 자세'
내적인 마음에서 외적인 생활까지 풍요롭게 만든다!

기회를 놓치지 않는다…58

어떻게 대응하느냐에 따라 결과는 확연히 달라진다!…65

자신의 가치를 깨닫는다…70

자기 가치를 높인다…73

사람은 자신이 가질 가치가 있는 것을 가지려 한다…75

돈과 다른 것을 비교하지 않는다…78

무한대를 좋아한다…81

부자는 싸움을 하지 않는다…86

|칼럼|

여러분에게 돈을 주는 회사와 사장의 험담을 하면 돈이 끊겨버린다…90

3장
부자가 되는 '개운開運 활동'
돈을 마구 불러오는 운세로 바꿔보자!

좋아하는 지갑을 가지고 다닌다…96

좋아하는 지갑을 가지고 다니면 행운이 찾아온다!…100

좋아하는 지갑을 고를 때 참고하면 좋은 금전운 상승 비결…103

지갑을 새로 마련했을 때 해두면 좋은 개운 활동…107

마음에 드는 은행과 거래한다…109

풍족한 생활을 상상한다…115

금전운의 신을 내 편으로 만든다…119

돈과 행복이 찾아오게 만드는 화장실 청소의 요령…125

부기(富氣, 부자의 에너지)를 만끽하러 간다…129

여러분은 자신이 만들어낸 분위기에 따라 현상을 만든다…131

|칼럼|

금전운이 좋아지는 돈 사용법…133

4장
영원한 풍요를 위한 '부자의 사고방식'
우아하고 풍요로운 인생을 행복과 함께 실현한다!

커다란 금액에 친숙해진다…138
돈 생각을 하지 않는다…141
돈은 없지만 그래도 할 수 있다고 생각하고 행동하면 길이 열린다!…143
돈이 없어도 돈 생각을 잊고 즐겁게 일하면 큰돈을 줄 기회가
제 발로 찾아온다!…147
항상 통을 크게…152
감사하며 받는다…154

|칼럼|
돈과 풍요함이 쏟아져들어오는 마법의 단어…156

역자후기…157

01

부자들의 '금전 감각'

생각과 습관을 따라해 부자들의
감각을 빠르게 터득하자!

AFFLUENT & HAPPY WOMAN

"돈이 없다."는 말은 입 밖에 내지 마라

이것만 명심해도 재운
체질로 바뀌기 시작한다!

부자는 절대로 쓰지 않지만 돈이 없는 사람들은 많이 쓰는 금기어가 있다. 바로 "돈이 없어."라는 말이다.

예전에 돈이 많으면서 마음이 여유롭고 상냥한 친구(청년 실업가)와 친하게 지낼 때 그 친구가 이런 말을 한 적이 있다.

"앞으로 네가 '나도 부자가 되고 싶다'는 생각이 들거나, 좀 더 여유가 있는 사람들과 만나서 대등하면서도 친하게 지내고 싶다면 무슨 일이 있어도 "돈이 없어."라는 말만은 절대 하지 마. 알겠지?"

그러나 그때 나는 아무리 일을 해도 돈에 쪼들려 우는 소리를 내던 시절이었기 때문에 그 친구의 말을 제대로 이해하지 못하고 곧바로 반발하며 "정말로 돈이 없으니까 "돈이 없다."고 말하는데 그게 뭐가 그렇게 잘못됐어?"라고 쏘아붙였다. 그러나 그 친구는 내 말엔 아랑곳하지 않고 그저 조용히 미소를 지으며 이렇게 말했다.

"그 말이 너와 네 인생을 궁색하게 만들어버리니까 그러지. 상대한테 "저 가난해요."라고 광고해서 득이 될 게 뭐가 있겠어? 네가 여유가 있는 사람이라는 인상을 만들지 못하면 정말로 부자가 될 수 없어. 스스로 가난하다는 인상을 주거나 직접 입으로 "가난하다."고 말하면서 힘든 표정을 짓고 어두운 분위기를 풍기면 물질적으로 여유가 있는 사람들은 위화감을 느끼게 돼. 자기들하고 파장이나 분위기가 다르거든. 그러니까 실제로는 그게 자신의 현실이라고 해도 그런 현실을 다른 사람들에게 보여서도 안 되고 알릴 필요도 없어. 대화 도중에 굳이 그런 말을 골라서 할 필요는 없는 거야.

만약에 돈 이야기가 나와서 마음이 불안해지면 다른 식으로 표현을 해서 대처하도록 해. 그러면 너 자신도 비참해지지 않고 상대방도 그것 때문에 너를 배려하느라 조심할 필요가 없거든. 게다가 네가 가난하다는 인상을 안 줄 수 있으니 얼마나 좋아.

마음이 여유로우면 말씨나 태도도 여유롭게 해야 하는 거야."

그 친구는 계속해서 이렇게 말했다.

"어쨌든, 돈이 없을수록 네가 돈이 있는 것처럼 행동해 봐. 그러면 필요한 돈을 융통할 수 있게 되거나 어딘가에서 갑자기 돈이 들어와서 위기를 모면할 수 있을 테니까! 게다가 네가 돈이 있는 것처럼 행동하면 굉장한 사람들이 먼저 너를 동료라고 생각해 사귀려고 할 거야. 그러면 너를 좋은 곳에 데려가 주기도 하고 좋은 이야기를 해주거나 돈 되는 일을 너한테 가져다줄 거라고!"

사실 그 친구는 수중에 한 푼도 없던 젊은 시절부터 자신이 무슨 대단한 사람이나 되는 것처럼 꾸미고 행동했기 때문에 사람들은 모두 그 무렵부터 그를 돈이 많은 사람이라고 생각했다(이는 그가 다른 사람들을 속였다는 의미가 아니다. 이미 자신의 내면에 있던 풍요로움을 밖으로, 즉 표정과 태도와 말씨와 분위기로 내보였다는 뜻이다). 또한 실제로 그 친구의 주변에는 항상 경제적으로나 정신적으로 여유로운 사람들과 일, 사건이 끊이지 않았다. 이렇게 해서 그는 중요한 사람들, 좋은 동료들과 많은 인연을 맺고 기회를 얻어 점점 더 멋지고 풍요로운 존재가 되었다. 그리고 실제로도 큰 사업을 시작해 성공함으로써 엄청난 재산을 모으게 되었다.

그는 평범한 회사원에서 엄청난 재산을 모은 자산가가 되기까지 자신이 살아온 방식(회사를 그만두고 IT관련 회사를 세웠으며, 고급 주택가에 살면서 포르쉐와 벤츠를 몰고 다니고, 외국에 가고 싶은 곳이 있으면 어디라도 갈 수 있는, 누구나 꿈에 그리는 현실을 손에 넣은 자신의 성공 비결)을 별 것 아니라는 듯이 내게 가르쳐 줬다. 그리고 나는 실제로 그의 말을 그대로 실천해 내 나름대로 효과를 봤기 때문에 그의 방식을 인정하지 않을 수 없다.

친구는 "돈이 없어."라는 말을 한 번도 입 밖에 낸 적이 없으며, 아무리 돈이 많이 들어가는 상황에서도 여유가 있고 태연한 자세를 잃지 않았다. 이렇게 해서 그 친구는 결국 자신이 남들에게 풍겼던 분위기와 똑같은 현실을 이끌어냈고, 풍요로운 삶을 자신의 것으로 만들었다.

"돈이 없어."라는 말을 하지 않기 위해 실천해야 할 일

"돈이 없어."라는 말을 자주 하는 사람은 일단 오늘부터 이 말을 쓰지 말기 바란다. 그렇게만 해도 여러분이 손에 넣을 돈에 주입되는(들어오는, 또는 반영되는) 에너지에 변화가 일어나 여러분의 금전 사정이 몰라보게 좋아지기 시작할 것이다!

이 "돈이 없어."라는 말은 강력한 파괴력이 있는 무서운 말이다. 그런데 모두가 일상생활에서 너무나도 쉽게, 또 당연하다는 듯이 이 말을 쓰고 있다는 사실에 나는 놀라고 말았다. 이만큼 여러분을 돈에서 멀어지게 만드는 말도 없는데 말이다.

"돈이 없어."라는 말에는 "그래서 ○○를 살 수 없어.",

"그래서 △△를 할 수 없어."와 같이 '이게 다 돈 때문이야!'라는 돈에 대한 원망과 비판, 반발, 저항, 가난뱅이 의식이 잔뜩 담겨 있다. 게다가 이 말을 자주 쓴다는 것은 어떤 의미에서는 자신에게 "난 돈이 없어."라고 주문을 거는 것과 같아서, 여러분이 스스로 이 말을 자신의 잠재의식에 각인시키는 셈이다. 즉 "돈이 없는 사람이 되고 싶어요."라고 비는 것이나 다름없으니 이 얼마나 무서운 일인가? 잠재의식에 각인된 말(계속해서 힘을 주어 자신에게 하는 말)은 현실화되기 쉽다. 또 여기에서 상상할 수 있는 좋은 일과 나쁜 일들이 자신의 마음속에 깊이 자리를 잡고 분명히 실현되도록 작용하기 때문에 정말로 그런 일이 현실이 될 가능성이 높아진다. 즉 "돈이 없다."는 말을 많이 할수록 더욱 돈이 들어오지 않아 궁지에 몰리게 되는 것이다.

따라서 마음속으로 무엇인가를 생각할 때, 또는 어떤 상황이 벌어졌을 때 이 말을 쓰게 될 것 같으면 즉시 다른 긍정적인 말로 바꿔서 쓰도록 의식적으로 노력해 보자. 예를 들어 어느 날 친구가 여러분에게 "밥 먹으러 가자."고 하거나 어딘가를 "같이 가자."고 했을 때, 또는 어떤 일을 "함께 하자."고 하는데 그럴 돈이 없을 때가 있을 것이다.

그럴 때는 "나 돈 없어서 못 가."라는 말 대신 "어쩌지? 가고는 싶은데 그날 약속이 있어. 나중에 꼭 같이 가자."라고 말하거나, 월급날이나 돈이 들어올 예정인 날을 정해서 "그날은 내가 좀 바빠서 말이야(또는 "그날은 선약이 있어서 말이야.")", "음……, ○○일쯤에는 시간이 되는데, 그날 어때?"와 같은 식으로 대처한다. 또한 이때 "그날은 좀 무리고…….''와 같이 '무리'라든가 "돈이 없어서 안 돼."와 같이 '안 돼' 따위의 부정적인 말도 쓰지 않는 습관을 들이도록 하자. 그러면 말에서 발산되는 에너지의 질이 점점 나아지며, 이와 연관되어 일어나는 현상도 좋아질 것이다.

"돈이 없어."라는 말을 아무렇지도 않게 자주 쓰는 사람 중에는 이처럼 '무리'라든가 '안 돼', '못 해'와 같은 그밖의 부정적인 말 역시 쉽게 자주 쓰는 일이 많은데, 이런 사람들은 그런 말을 쓰지 않는 사람들보다 현실에서 한계에 부딪치고 궁지에 몰리기 쉽다.

또한 사람들은 "돈이 없어."라는 말로 무엇인가를 거절한 사람에게는 두 번 다시 아무것도 권하지 않게 된다. 아무리 좋은 기회나 상황이 생겨서 그것을 권하고 싶어도 '돈이 없다'는 이유로 또 거절할 것 같은 사람에게는 권하기가 미안해서 다시는 좋은 이야기나 즐거운 일을 소개해주지 않게 되는 것이다.

게다가 여러분은 상대에게 '이 사람은 돈이 없는 사람이다.'라는 인상까지 선물하게 되며, 대신 돌아오는 것이라고는 여러분을 향한 경멸과 안 좋은 인상밖에 없다. 따라서 "돈이 없어."라는 말은 절대로 하지 말아야 한다.

아마 다른 사람에게는 앞에서 말한 것처럼 대처했지만 자신에게는 거짓말을 할 수가 없어 속으로는 '아아, 돈이 없네……. 어떡하지?'라고 생각해버리는 사람도 있을 것이다. 그런 사람들을 위해 한마디 하자면, 그렇게 되지 않도록 하는 것이 근본적인 개선책이므로 '이건 지금 나한테는 필요 없는 것이니까 이렇게 대처하기를(거절하기를) 잘했어.'라고 긍정적으로 생각하는 마음의 자세를 가져보기 바란다. 그러면 정신적으로 어떤 문제도 생기지 않을 것이며 자신에게 나쁜 영향을 주지 않을 것이다.

이러한 긍정적인 방법으로 누군가를 상대하거나 자신에게 변명(자기 설득)을 하면 어두운 비장감을 풍길 일도 없으며 질투할 일도 열등감을 느낄 일도 없기 때문에 풍요로운 마음을 유지한 채 아무런 문제도 없이, 나아가서는 곤란한 문제를 일으키지 않고 상황을 해결할 수 있는 것이다!

 이 "돈이 없어."라는 말을 자신의 일상생활에서 철저히 지워버리면 정말로 돈이 없다는 이유로 무엇인가를 거절하거나 포기하는 상황도 일어나지 않게 되며, 어떤 상황에서도 여유로운 태도를 유지할 수 있게 되고, 누군가의 도움을 받을 수도 있게 된다. 또한 이 "돈이 없어."라는 말을 자신의 인생에서 철저히 지워버리면 여러분의 인상은 완전히 바뀌게 되며, 에너지 파동도 상당히 좋아져 언제나 주변에서 좋은 일이 일어나는 생활을 하게 될 것이다!

돈과 마음의 연관성에 대한 신기한 이야기

돈과 마음과 현상에 대한 신기한 이야기를 해볼까 한다. 예를 들어 친구나 지인이 어떤 굉장히 재미있는 계획이나 파티, 식사 모임, 여행, 행사에 자신을 초대했다고 치자. 그런데 그 자리에 정말로 가고 싶지만 돈이 없다. 이럴 때 마음속으로 돈이 없다는 생각은 조금도 하지 않고 또 입 밖으로 내지도 않으며 돈이 없는 데 대해 아무런 걱정도 없이 그저 꼭 가고 싶다는 마음만을 앞세워 흥분해 있으면 놀라운 방식으로 그 바람이 이루어지게 된다! 이를테면 생각지도 못한 곳에서 충분한 돈이 들어오거나, 초대받은 날이 되기 전에 누군가가 갑자기 예상 밖의 돈을 입금해 주거나,

자신을 초대한 친구가 고맙게도 "넌 그냥 몸만 가면 되니까 같이 가자!"라고 한다. 그래서 결국 돈은 준비되지 않았지만 마음속에서 그 일을 받아들일 준비와 각오를 하는 순간 그 일이 실현되는 것이다. 말도 안 된다고 생각하는 사람도 있을지 모르지만, '돈에 대한 걱정을 그만두는' 것만으로도 상황은 자신이 의도하지 않아도 좋은 방향으로 흘러간다.

정말로 신기한 이야기지만, 돈은 사람의 혼이나 마음에 반응하듯이 나타나 풍요로움의 원천이 하늘(우주)에 있다는 느낌이 들 수밖에 없도록 만들 때가 있다. 하늘(우주)은 언제나 넉넉한 마음으로 무엇인가를 가질 것을 허락한 사람에게는 아낌없이 그것을 안겨줄 수 있다. 은행에서 돈을 인출할 때는 비밀 번호가 필요한데, 우주에서 무엇인가 좋은 것을 인출할 때는 언제나 '그것을 가지고 싶으니 받아가겠습니다.'라는 메시지가 필요하다. 이것이 우주의 부(富)를 인출하는 비밀 번호이기 때문이다.

여러분이 돈에 대한 걱정을 하지 않고 그저 마음속으로나 말 또는 태도를 여유 있게 하면 우주는 여러분에게 '돈이라는 현물'을 어딘가에서 마련해주거나 '그 바람을 이루어줄 누군가'를 데려다주기도 하며, 필요한 돈을 벌 수 있는 일거리를 가져다주기도 한다. 또 때로는 무료 초대나 특별 우대 같은 방식으로 돈이 없어도 원하는 일을 이룰 수 있게 해준다.

부유함의 법칙은 언제 어느 때나 풍족함을 잊지 않는 사람에게 찾아오게 되어 있는 것이다.

이유 없이 돈이 융통되기
시작하는 행복한 우연의 매력

"돈은 돌고 돈다."라는 말이 있듯이 돈은 일종의 에너지로써 순환을 하며, 다른 어떤 물질보다 유동적이기 때문에 사람을 매개체로 삼아 이곳저곳으로 이동하며 모든 필요를 만족시킨다. 그런데 이때 어떤 독특한 성질이 작용한다. 그 특징은 다음과 같다.

- ●● 실제로 부유한지 가난한지와는 관계없이, 돈 걱정을 하지 않으며 곧 자신에게 좋은 일이 생겨 원만하게 문제가 해결될 것이라고 기대하는 사람에게로 이동한다.
- ●● 받아들일 각오가 되어 있는 사람에게 흘러간다.

- ●● 사태나 상황에 따라 필요할 때 필요한 사람에게 간다.
- ●● 기꺼이 돈이나 부를 받아들일 마음의 자세가 되어 있는 사람을 스스로 찾아간다.

따라서 금전적으로 위기에 몰려도 앞에서 말한 돈의 성질을 이해하고 그에 맞게 행동하면 반드시 놀라운 일이 생겨 위기에서 벗어나게 된다.

다음으로, 지금까지 나와 주변 사람들에게 실제로 일어났던, 생각지도 못한 형태로 금전적인 위기에서 빠져나올 수 있었던 '행복한 우연'을 소개할까 한다. 너무나 일이 잘 풀려나갔기 때문에 체험 당사자조차도 깜짝 놀랐을 정도다.

돈에 관한 행복한 이야기

●●● 갑자기 정리 해고를 당한 Y는 딱히 저금해 놓은 돈도 없었기 때문에 당장 다음달 생활비를 어떻게 마련할지 막막한 상황에 몰렸다. 그러나 낙심하지 않고 반드시 어떻게든 될 것이라고 희망적으로 생각하며 재취업 활동을 시작했다. 그러자 바로 그날, 때마침 부탁 받은 일을 해주기 위해 친구를 만났는데 그 친구가 갑자기 이

런 말을 하는 것이었다.

"내가 전부터 부업을 하나 하고 있었는데 말이야, 오늘 거기서 갑자기 600만원이 통장에 들어왔더라고. 내 어찌나 깜짝 놀랐는지. 완전히 공돈 들어온 거지 뭐.

참, 너 저번 달에 회사가 좀 위태위태하다고 그랬지? 혹시 돈 필요하면 그 돈 전부 빌려줄게. 어차피 나야 별로 쓸 일도 없고 하니까."

Y는 아무 말도 하지 않았는데, 그 친구가 먼저 너무나도 절묘한 타이밍에 상상도 못했던 고마운 제안을 한 것이다. 결국 Y는 몇 달을 버틸 수 있는 생활비를 갑자기 마련해 위기에서 벗어날 수 있었다.

이처럼 누군가의 수입이 끊기더라도 돈은 넉넉한 어떤 이한테서 가장 필요로 하는 그 사람에게 일시적으로 흘러들어가게 되어 있다. 이는 돈이 순환하는 법칙 중 하나이기도 하다.

●●●

●●● 주부인 M은 한 정보 잡지에서 본 치유 운동의 개인 수업을 받고 싶어서 문의 전화를 걸었다. 그러나 생각보다 수강료가 비쌌고, 게다가 수업을 받는 곳이 어린 자녀를

데리고 갈 수 있을 만한 장소도 아닌 것 같았다. 그런 사실을 알자 M은 수강을 꼭 해야 할지 순간 망설여졌다. 그러나 전화로 그 강사와 이야기를 한 것만으로도 마음이 풍요로워져 '완전히 모든 문제가 해결된 듯한 좋은 기분이 되었기' 때문에, 감사의 인사를 한 뒤 예약은 하지 않고 전화를 끊었다. 그래도 마음속에서는 이미 수업을 다 받은 것 같은 기분이 든 M은 돈에 여유가 생기는 대로 수업을 꼭 받겠다는 생각에 가슴이 두근거렸다.

그런데 다음날 그 강사가 전화를 걸어 이렇게 말했다.

"어제 이야기를 나누면서 사모님께서 제 수업을 꼭 받고 싶어 하시는 마음이 전해져서 저도 정말 기쁘고 행복했습니다. 그래서 꼭 사모님을 뵙고 싶습니다만, 혹시 괜찮으시다면 제가 사모님 댁으로 가서 수업을 해 드릴까 하는데 어떠신가요?"

그러나 M은 아직 돈이 마련되지 않았기 때문에 "하지만 여기까지 오시는데 출장비도 안 드리면 제가 죄송하지 않겠어요? 그러니 제가 여유가 되면 선생님에게 가서 수업을 들을게요."라고 완곡히 사양했다.

그러자 그 강사는 "전 사모님 같은 분들이 꼭 이 운동을 배우셨으면 합니다. 아이들을 데리고 이쪽으로 오시기는 힘들 테니, 제가 사모님 댁으로 찾아가서 무료 체험 형식으로 가르쳐 드리겠습니다. 무료 체험이니 비용 걱정은 하지 마세요."라고 말하는 게 아닌가.

이처럼 M은 자신이 받고 싶던 수업을 받을 마음의 준비를 한 순간, 돈도 준비되기 전에 무료로 수업을 받을 수 있게 된 것이다! 그리고 M과 그 강사는 나중에 아주 친한 친구 사이가 되었다.

이처럼 어떤 일에 필요한 돈을 마련할 각오를 한 순간, 그 돈을 마련하지 않아도 되는 신기하고도 행복한 일이 자신의 의지와는 관계없이 일어나는 것도 마음과 풍요의 에너지의 법칙이 작용했기 때문이다.

●●● N은 이사를 하기 위해 여기저기 집을 알아보고 다녔다. 그러다 너무나 마음에 드는 곳을 찾았는데, 집값이 예산을 크게 웃돌았다. 그러나 N은 돈 걱정을 하기는커녕 벌써 그 집에서 사는 자신의 모습을 머릿속으로 그리고 있었고, 마음은 이미 그 집에서 살게 된 것처럼 기쁨으로 가득 찼다. 그리고 실제로는 아직 아무것도 구체적으로 정한

것이 없으면서도, 이사를 한다고 알리기 위해 친척에게 전화를 걸어 그때까지의 진행 상황을 이야기했다.

그러자 그 친척은 대뜸 "그럼 지금 바로 돈을 보내줄 테니까 그냥 그 집으로 정해."라며 부족한 집값을 메우고도 남을 만큼 많은 돈을 무담보에 무이자, 무기한으로 빌려주는 것이었다. 이렇게 해서 N은 자신이 원한 집을 계약하고 순조롭게 이사를 할 수 있었다.

게다가 재미있는 사실은, 그 친척은 원래 N의 친척 중에서도 평소에 가장 돈이 없는 사람으로 다른 사람에게 돈을 빌려주는 일이 별로 없었다. 그렇기 때문에 N은 이 생각지도 못한 고마운 상황 전개에 더욱 놀랐다.

이 역시 돈은 그때 가장 자신을 필요로 하는 사람에게 일시적으로 이동한다는 법칙을 보여주는 사례다. 이처럼 돈은 사람과 사람 사이, 또는 사람과 사건 사이를 의미 있게 순환한다.

●●● K는 전부터 너무나도 자동차가 사고 싶어 항상 신차의 광고 책자를 유심히 들여다보았다. 그러나 결혼을 해 아이가 셋이나 있는 지금의 생활 속에서는 아무리 궁리를

해도 자신이 원하는 캠핑카를 살 수가 없었다.

그러던 어느 날, 아내가 갑자기 "자동차 전시회에서 인형극을 한대요. 우리 아이들하고 같이 보러 가요!"라고 말했다. 마침 일요일이었기 때문에 K는 가족과 함께 그 자동차 전시회에 가기로 했다. 그런데 그 전시회장에 광고 책자에서 본 것과 같은 차가 있었다. 그 차를 보자 갑자기 기분이 좋아진 K는 살 마음도 없으면서 담당자에게 이것저것 물어보게 되었다. 그러자 담당자는 "마침 오늘은 30분 동안 차에 시승하실 수가 있는데, 괜찮으시다면 가족과 함께 타 보시겠습니까? 30분 안에만 돌아오시면 됩니다."라며 차에 타 보기를 권했다. 그 말을 들은 K는 "네! 그럼 시승해보죠."라고 말하고 가족과 함께 그 차를 타 보기로 했다.

이렇게 해서 K는 자신이 원하던 차를 몰게 되었는데, 승차감이 너무나 편안한 나머지 마치 그 차가 자기 집처럼 느껴졌다. 또 아이들도 매우 기뻐했다. 시승을 마치고 전시장으로 돌아오자 담당자는 "승차감은 어떠셨습니까? 지금이라면 특별 가격에 드릴 수 있습니다."라며 대략적인 견적서를 작성했다. 게다가 계약금 없이 그 자리에서 바로 계약할 수 있다는 것이었다. 그러나 K는 빚을 내면서까지 차를 살 생각은 없었으며, 할부로 산다고 해도 가계에 큰 부담을 준다는 사실도 잘 알고 있었기 때문에 "좀 더 생각해보고 오겠습니다."라고 말하고 집으로 돌아왔다. 그러나 집으로 돌아와 저녁을 먹으면서도 그 자동차가 자꾸만 머릿속에 떠올라 떨쳐낼 수가 없었다. 너무나 사고 싶어 견딜 수가 없었던 것이다. '그 차만 있으면 식구들을 데리고 어디든지 갈 수 있을 텐데.'라는 생각이 들었다.

그런데 그날 밤 늦은 시각에 K의 어머니로부터 오랜만에 전화가 왔다. 어머니와 최근 근황에 대해 이야기를 나누던 K는 자동차 전시회에 가서 시승을 해본 사실을 별 생각 없이 말했다. 그러자 어머니는 "정 그러면 이번 기회에 그 차를 사면 어떻겠니? 돈 걱정은 하지 마라. 사실은 돌아가신 네 아버지가 만약 너한테 큰돈이 필요하게 되면 주라면서 돈을 남겨 놓으셨으니까 그 돈을 주마."라는 놀랍고도 기쁜 사실을 알려주고 그 돈을 보내줬다.

K는 뛸듯이 기쁜 마음에 바로 다음날 계약을 하러 갔는데, 담당자가 이렇게 말하는 게 아닌가.

"정말 기가 막힌 타이밍에 오셨네요. 사실 특별 가격으로 판매하는 이 차는 딱 한 대 남은 겁니다. 게다가 이 마지막

한 대를 꽤 마음에 들어 하시는 손님이 한 분 계셨는데, 망설이시다가 이번 주 안에 한 번 더 오셔서 그때까지 차가 안 팔렸으면 사시겠다고 그러셨거든요. 정말 오늘 오시기를 잘하셨습니다."

●●●

이처럼 그 시점에서 돈을 가지고 있느냐 없느냐에 관계없이 기꺼이 그것을(여기에서는 그 차를) 받아들일 각오가 되어 있는 사람에게 그에 필요한 돈이나 수단이 주어지게 되는 것도 부유함의 법칙이다. 지금까지 소개한 일화들에서 알 수 있듯이, 돈은 항상 어딘가를 순환하고 있으며 필요할 때에 필요한 사람에게 흘러가 여러 가지 문제를 해결해주는 신비한 에너지를 가지고 있다.

부유의 법칙이나 돈의 에너지는 현금뿐만 아니라 그 돈과 동등한 가치를 지닌 것을, 그것을 받아들이기를 기꺼이 바라며 손에 넣을 준비와 각오가 되어 있는 사람에게, 신기하면서 생각지도 못한 방식으로 이동하게 되어 있다.

낭비를 하지 않는다

*낭비란 비싼 것을 사는 것이 아니라
필요 없는 것을 사는 것이다*

부자와 부자가 아닌 사람이 가지고 있는 '낭비의 개념'은 근본적으로 다르다. 돈에 여유가 없는 사람이 '낭비'라고 생각하는 것은 '값이 비싼 물건'이나 '사치품', '고급 브랜드 제품' 따위 등인데, 진짜 낭비는 사실 이런 것이 아니다. 뭐든지 제값 주고 사는 것은 아깝거나 바보 같은 행동이며 할인 판매 제품이나 재고 처리 제품, 조금 하자가 있어 싸게 파는 제품을 사는 것이 현명하게 물건을 사는 법이라고 생각하는 사람도 있다. 그러나 부자들의 관점에서 볼 때 절약이란 그런 것이 아니다.

부자들은 값이 싸든 비싸든, 소박한 물건이든 호화로운

물건이든 그것이 필요하거나 가지고 싶다면 만족스럽게 구입하며, 반대로 아무리 값이 싸도 필요 없는 물건은 쓸모없다고 판단해 사지 않는다. 즉 금액이 아니라 가치관과 선택과 감동을 기준으로 사는 것이다. 필요도 없는 물건인데 점원 또는 누군가가 강하게 추천하니까 거절하지 못하고 사거나, 무엇인가 핑계를 만들어 산다면 그 사람은 결코 돈과 인연을 맺을 수 없다.

부자들은 남들이 권하든 말든 필요 없는 물건은 사지 않는다. 그런데 왜 돈이 없는 사람들은 자신에게 필요가 없어도 남들이 권하면 사게 되는 일이 많은 것일까? 그들은 자신이 돈이 없다는 사실을 남들이 알게 되는 것이 창피하고 싫기 때문에(아무도 그런 말은 안 했는데도) 혹시나 그 물건을 사지 않으면 돈이 없는 사람으로 보일까 봐(그런 정신적 굴욕을 자신이 자신에게 주기 때문에) 사고 만다. 그러나 돈이 있는 사람들은 그런 걱정을 하지 않기 때문에 필요 없는 물건은 안 사면 그만인 것이다.

이러한 금전 감각의 차이가 바로 양자의 낭비에 대한 개념 차이를 만든다. 낭비란 사실 자신에게 필요하지도 않은데 값이 싸다는 이유만으로 달려가 구입하거나 쓸 일이 있을지 없을지도 모르면서 할인 판매를 하니까 무작정 사버리는 등, 결국은 잠깐 쓰고 말 물건, 자신에게 도움이 안 되는 물건에 저항감을 느끼면서도 돈을 쓰는 것이다. 또 자신은 별로 가지고 싶다는 마음이 없는데 남들이 다 가지고 있으니까 다른 사람들에게 뒤처지지 않기 위해 무엇인가를 산다거나, 거부감이 심한데도 점원이 자꾸 강하게 권하니까 뿌리치지 못하고 사는 것이 바로 낭비다.

사람은 자신이 좋아하지 않는 물건을 사면(쓸데없이 돈을 썼다는 기분이 드는 물건을 사면) 절대로 그것을 제대로 활용하지 못한다. 예를 들어 양복을 할인 판매할 때 그 할인 판매라는 유혹을 못 이기고 '값이 싸니까 일단 하나 사 놓자'라는 이유만으로 살 때가 있다. 그러나 그런 양복은 일단 가지고는 있어도 한 번도 입지 않을 수가 있으며, 별로 입을 마음이 생기지가 않아 옷장에 모셔만 놓았다가 몇 년 후에 유행이 지나버리게 되는 일조차 있다. 이런 것이야말로 돈 낭비며 손해다(이런 행동을 계속 반복하면서 돈이 쪼들려 우는 소리를 내는 사람들이 있다). 게다가 손해를 봤다는 불쾌한 기분과 돈을 낭비한 데 대한 후회까지 덤으로 안게 된다.

또한 싸다는 이유만으로 구입한 물건 중에는 품질이 나쁘기 때문에 금방 못 쓰게 되어버리고 마는 것들이 생긴다. 예를 들어 하자가 있거나 흠집이 있어 싸게 파는 옷을 사면 그 하자나 흠집을 감추려고(눈에 띄지 않게 하려고) 수선을 할 필요가 있기 때문에 결국 제대로 된 제품을 샀을 때보다 수선비가 더 들 때가 있다. 그리고 설사 수선을 제대로 했더라도 수선 자국이 잘 감춰지지 않아 입지도 못하고 스트레스만 쌓이는 애물단지로 전락할 가능성도 있다. 그래서 결국 제대로 된 옷이나 정말로 사고 싶은 옷을 찾아서 사기 위해 다시 시간과 노력, 돈을 쓰게 되는데, 이것이야말로 진짜 낭비다. 부자들은 이런 사실을 잘 알기 때문에 "좋은 제품을 사는 편이 나아."라는 말을 자주 하는 것이다(결코 '싼 게 비지떡'인 제품을 고르지 않는다).

처음부터 자신이 정말로 사고 싶었던 제품을 기쁜 마음으로 구입하면 그 제품을 최대한 활용하게 되며, 산 뒤에도 기분이 좋기 때문에 상당히 득을 본 것 같은 느낌을 받는다. 그러면 그 제품을 애용하는 좋은 장면과 좋은 기분까지 산 셈이 된다. 따라서 원하지 않는 제품을 싸다는 이유로 사는 것보다 조금 돈이 더 들더라도 자신이 가장 사고 싶었던 제품을 사는 편이 현명한 소비인 것이다. 사람은 자신이 정말로 원하는 물건이나 가지고 싶다, 쓰고 싶다는 생각에 가슴이 설레는 물건을 살 때가 아니면 올바르게 돈을 쓰지 못한다.

낭비를 없애기를 원한다면 먼저 자신의 마음속에서 쓸데없는 생각을 버릴 필요가 있다. 쓸데없는 생각이나 이론만 없어지면 그 물건이 정말 지금 필요한 것인지 자신이 원하는 것인지 바로 알 수 있기 때문이다. 자신에게 정말로 필요한 것과 그렇지 않은 것이 마음속에서 정해져 있지 않거나, 직접 눈앞에 두고서도 자신이 그것을 어떻게 생각하는지 알지 못하기 때문에 쓸데없는 부담을 짊어지는 것이다. 이것은 돈을 쓰는 일이든, 인간관계든, 혹은 인생 전반에 대해서든 마찬가지다.

그리고 부자는 결코 구두쇠가 아니다.

부자들은 등가 교환의 법칙을 잘 이해하고 있다. 그들은 저 물건과 이 돈을 교환할 필요가 있는지, 또 교환하고 싶은지를 마음속에서 정확히 판단할 수 있다. 오히려 돈의 가치를 모르는 사람일수록 의미 없이 물건을 사고 싶어 하고 돈을 쓰고 싶어 하니 알다가도 모를 일이다.

실제로 나도 돈이 없었을 때는 돈이 생기면 이것도 사고 싶고 저것도 사고 싶었다. 하지만 풍족한 현실을 손에 넣자 놀랍게도 오히려 모든 면에서 지금 그대로에 만족하게 되어 그다지 뭔가를 가지고 싶다는 생각이 들지 않게 되었다.

모든 것이 채워져 아무런 부족함을 느끼지 못하게 되면 이것이 또 다른 만족을 불러오고, 여기에서 순식간에 만족스러운 풍요함을 손에 넣게 되는 것이 부유함의 법칙이다.

기분이 좋아지는 물건을 사라

사람은 자신의 기분을 고양시키는
물건을 사면 자연스럽게 풍요로워진다

사람은 원래 '자신의 기분을 고양시키는 물건'을 사기를 좋아한다.

어쩔 수 없어서 또는 필요에 쫓겨서 사야 하는 물건이나 싫어하는 물건, 마음이 우울해지는 물건에 돈을 쓰기보다는 가슴이 설레고 기분이 좋아지는 물건이나 기분이 고양되는 물건에 돈을 쓰기를 좋아하며, 그래야 비로소 돈이 있다는 만족감과 기쁨을 느낄 수 있다.

사람은 즐거운 마음으로 돈을 쓰는 기쁨을 알아야 돈을 소유하는 기쁨에도 눈을 뜬다. 그리고 돈이 있다는 기쁨을 손에 넣은 사람은 돈을 즐겁게 쓰는 법도 알게 되며, 돈이

란 소중하고 사랑스러우며 귀중한 것임을 깨달아 자연히 돈을 소중히 여기게 된다. 또 이와 동시에 자신의 생활 방식을 즐거운 마음으로 그려나갈 수 있게 된다. 그리고 돈을 버는 즐거움도 깨닫게 된다.

예를 들어 아무리 일을 열심히 해서 돈을 많이 벌었다고 해도 자신이 원하는 물건 하나 사지 못한다면(손에 넣지 못한다면) 그 사람은 돈이라는 존재의 좋은 점을 이해하지 못하며 미워하게 될 수도 있다. 그러므로 여러분이 부자가 되고 싶다면 먼저 무엇인가를 너무나도 가지고 싶어 돈을 써보는 것도 돈을 유혹하는 좋은 계기가 된다. 그러한 동기에서 나오는 힘은 여러분의 생각보다 훨씬 적극적으로 여러분을 풍요의 길로 안내할 것이다. 그리고 무엇인가를 풍요롭게 가지는 것에 행복을 느끼고 고무되는 자신을 발견하게 될 것이며, 또다시 새로운 무엇인가를 가지고 싶어질 것이다.

좋아하는 것을 획득할 수 있어야 돈의 가치도 좋아하게 된다. 좋아하지 않는다면 친해질 수 없다. 그러므로 부자가 되고 싶다면 먼저 돈을 좋아하는 것부터 시작해보기 바란다. 아마 어려운 재테크 강좌를 듣는 것보다 훨씬 쉽게 돈에 관심을 가지고 즐거운 마음으로 돈을 벌 궁리를 할 수 있는 자세를 만들어줄 것이다.

딱 필요한 데만 돈을 쓸 뿐 자신의 기분을 고양시키는 것이나 마음을 위로하고 풍요롭게 만드는 것, 자신의 성장에 도움이 되는 것에 돈을 쓰지 않는다면 돈을 좋아하게 되지 않으며 긍정적으로 손에 넣을 수도 없다. 자신에게 지금보다 더 많은 돈이 들어오기를 바란다면 먼저 무엇이라도 좋으니(가격이 아니라 정신적 가치가 중요하다) 구입하면 기뻐하게 될 물건, 또는 행복해질 물건, 즐거워질 물건에 돈을 쓰기 바란다. 그러면 더욱 가지고 싶은 것 또는 더 좋은 무엇인가를 가지기 위해 필요한 돈을 유혹할 수 있는 에너지가 자신의 내부나 환경, 상황에서 발생해 그 바람을 실현하게 될 것이다.

이렇게 돈을 쓰면 금전운이 점점 강해진다

●●●

●●● 의식주를 해결하기 위해 돈을 쓸 때는 그 돈이 자신의 생명과 생활을 지켜준다는 사실에 감사한다.

또 어떤 공부나 놀이, 여행, 취미, 흥미를 위해 돈을 쓸 수 있다는 사실에 기뻐하며 감사한다. 그리고 사치를 즐기는 데 돈을 쓸 수 있다는 사실에는 더욱더 기쁨과 행복, 감동을 느끼며 감사하는 마음을 잊지 않도록 한다.

그러면 그러한 마음이 점점 여러분을 만족시켜 주게 되어 여러분이 생각하는 바람직한 형태의 풍요함을 가져다줄 것이며, 이와 함께 돈도 잔뜩 들어오게 될 것이다.

●●● 어떠한 일에 돈을 지불할 때는 '금액'을 의식하지 말고 그 일에 돈을 쓰는 순간의 '자신의 기분이나 흥분도'를 의식하도록 한다.

그래서 좋은 기분이나 즐거움, 기쁨, 두근거림, 행복함, 고양감, 감동, 감사의 마음이 느껴질수록 다음에 여러분에게 들어올 돈도 그러한 좋은 감정을 동반하면서 좋은 형태로 찾아오게 된다. 반대로 돈을 쓸 때 아까움이나 불쾌함, 허전함, 후회가 느껴진다면 다음에는 더욱 부정적인 지출을 불러오게 된다.

어떠한 상황에서든 돈을 놓아줄 때 항상 긍정적인 마음을 먹는다면 그 돈은 다시 여러분에게 돌아와 금전적인 풍요로 이어지며 금전운이 좋아진다.

●●● 추석이나 연말, 관혼상제, 또는 기타 여러 가지 이유로 회사나 친척, 친지에게 돈이 나가는 상황이 닥쳤을 때 그 돈을 써야 하나 말아야 하나 고민하면서 머뭇거리지 말고 '이것도 다 인연인데, 기쁜 마음으로 내자'라는 마음으로 돈을 쓰면 인연이 돈을 불러오게 될 것이다.

다른 사람에게 무엇인가를 해줄 때 '해야 하나 말아야 하나.'를 고민하면서 하면 '원래는 하고 싶지 않은데(아까운데) 어쩔 수 없이 한다.'라는 저항감과 강제력이 발생해 부정적인 에너지가 들어간다. 그런 마음으로 다른 사람에게 무엇인가를 해주면 나중에 기분 나쁜 일을 겪게 되는 일이 많으므로 부정적인 마음을 갖지 않는 것이 중요하다.

●●● 자신에 대한 투자(공부를 하거나 영화, 콘서트를 보는 것, 강연회나 세미나를 듣는 것, 무엇인가를 자신에게 선물하는 것 따위)나 현재 자신의 가치를 높이는 일, 자신을 빛나게 하고 두근거리게 만드는 좋은 일에 돈을 많이 쓰도록 한다.

그러면 점점 풍요로운 기운(부기(富氣)=금전운을 부르는 풍요한 파동)이 여러분의 내부에서 자라나 계속해서 돈과 풍요를 불러모으게 된다.

●●● 큰돈을 움직이거나 값비싼 상품을 살 때, 또는 이를 위해 계약을 할 때가 있다. 그럴 때 돈의 액수를 생각하거나 물건을 사는 일 또는 이와 관련된 일이나 그 후의 절차를 생각하면 가슴이 괴롭거나 조마조마하고 이상하게 긴장

이 되어 땀이 나며 자꾸 그만두고 싶어지는 등 뭔가 부정적인 느낌이 든다면 그 일에 돈을 쓰거나 물건을 사거나 계약하지 않도록 한다.

무엇인가를 손에 넣으려 할 때 좋지 않은 기분을 느낀다면 이는 여러분의 마음속에 찾아온, 즉 여러분의 잠재의식이 감지한 '조심하시오!', '경계하시오!', '지금 이것을 사는 것은 당신에게 바람직하지 않소!'라는 메시지일 가능성이 있다.

●●●

돈을 낼 때도 기분 좋게

'자, 다녀와!'라는 생각으로 기분 좋게
놓아주면 돈은 금방 다시 돌아온다

부자가 되는 법에 대해 이야기하면 흔히 돈을 버는 법이나 저금하는 법에 중점을 두기 쉽다. 그러나 돈은 쓸수록 더욱 많이 들어오게 되어 있다는 점도 알아둘 필요가 있다.

원래 돈은 유동성이 있기 때문에 한 장소에 오래 머물러 있지 않는다. 돈은 사람과 사람 사이나 사람과 물건 사이, 사람과 사건 또는 장소 사이를 순환하기 때문에 그 순환을 끊지 않는 것이 가장 중요하다. 그러므로 이런 순환이 끊기거나 멈추거나 작아지는 일이 없도록 하는 것이 돈과 인연을 맺고, 나아가서 금전운을 더욱 높이는 데 중요하다.

이런 점을 생각하면 무엇인가에 돈이 나갈 때도 그 돈이 들어왔을 때처럼 기뻐하는 마음으로 써야 할 필요가 있다. 돈이 들어왔을 때는 기뻐하지만 돈이 나갈 때는 미적대고 저항한다면 돈의 순환이 엉클어지고 만다. 돈의 순환이 엉클어지면 인생도 엉클어진다.

알기 쉬운 예를 하나 들어보겠다. 전기나 가스, 수도 요금을 내기 싫다고 해서 납부를 미루면 독촉장이 날아온다. 그래도 납부를 하지 않고 피하면 이번에는 전기나 가스 공급이 중단되고 만다. 즉 돈을 지불하기 때문에 성립되는 관계에서 돈을 내기를 미루거나 거부하면 자신에게 와야 할 것을 스스로 끊어버리는 셈이 된다. 그러나 밝은 빛과 물이 있는 생활에 감사하며 기일에 맞춰 제대로 돈을 낸다면 끊기는 일 없이 밝은 빛과 물을 계속해서 누릴 수가 있다.

여기에서 하고 싶은 말은, 돈을 지불함으로써 순환하는 풍요함이 있다는 것이다.

이는 무엇인가를 배울 때나 살 때, 누군가와 사귈 때도 마찬가지이다. 즉 그 일이 자신에게 도움이 된다고 생각해 환영하고 감사하며 기분 좋게 돈을 쓰면(살아 있는 돈을 쓰면) 쓴 돈 이상의 풍요함이 그곳뿐만 아니라 다른 곳에서도 흘러들어오게 된다.

언제나 돈에는 돈을 손에 넣은 사람(쓴 사람)의 마음과 에너지가 반영되어 그에 맞는 현실을 창조하게 된다. 기분 좋게, 시원하게 돈을 쓰는 사람에게는 기분 좋게 돈이 들어오고 원활하게 돈이 순환하는 일이 습관적으로 계속된다.

Affluent & Happy Column

똑같은 금액이라도 어떻게 쓰느냐에 따라 이렇게 달라진다

 같은 회사에 다니는 A와 B라는 여성 회사원이 있다. 이 두 사람의 금전 감각에 대해 잠시 이야기할까 한다. 이 두 사람은 똑같은 급료를 받는다.

 A는 자신의 급료가 들어오면 먼저 그날 즉시 자신이 가장 좋아하는 노래방에 가서 동료와 즐겁게 노래를 부르고 피부 관리실에 가서 자기 관리를 하며 점찍어 놓았던 원피스를 사기도 한다. 또 값비싼 브랜드 제품을 사거나 여행을 가기 위해 돈을 저금(매달 급료의 일부를 저금하며, 보너스를 받는 달에는 보너스의 일부도 함께 저금한다)한다. 그리고 남는 돈이 그 달에 쓸 생활비다. 그래서 A는 급료일이 너무나 기다려지기 때문에 잔업도 즐거운 마음으로 한다.

 한편 B는 급료일만 되면 한숨을 쉬며 불평불만을 늘어놓는다. "하아~. 이거 가지고 뭘 살 수 있겠어? 우리 회사 정말 너무하다고 생각 안 해? 급료가 이게 뭐야? 좀 더 올려 달란 말이야, 이 구두쇠 사장아! 정말 짜증나 죽겠어!" 이번 달에도 휴대 전화로 이렇게 장시간 악담을 늘어놓고는 휴대 전화 요금이 너무 많이 나왔다고 또 불만을 터트리고, 원치 않는 술 모임에 나가 돈을 내는 바람에 돈이 부족하다면서 파칭코에 열중하다가 결국 빈털터리가 되어 무엇 하나 사지 못한 채 한달을 보내게 되었다.

같은 급료를 받으며 똑같이 독신 생활을 하는데도 돈에 대한 자세와 돈을 쓰는 형식, 돈을 쓸 때의 감정, 한달을 보내는 법이 이렇게 다르다.

사실 돈의 액수가 아니라 그 액수 또는 가치에 대한 자신의 생각의 질이나 금전 감각의 차이에 따라 풍요해지기도 하고 빈곤해지기도 하는 일이 많다. 그리고 실제로 생각의 에너지에 걸맞는 현실을 불러오게 된다. 부자가 되고 싶다면 먼저 자신의 마음이 풍요로워져야 한다. 그렇지 않으면 불평불만이 가득한 빈곤한 현실에서 빠져나오지 못한다. 자신이 마음먹기에 따라 평범한 회사원에서 부자가 될 수도 있는 것이다.

아무리 급료가 적어도 저금은 할 수 있다. 먼저 5만원 또는 30만원 등 금액의 많고 적음에 상관없이 자신이 정한 금액을 남겨 놓는 습관, 저금하는 습관을 들이면 돈은 불어나게 되어 있다. 급료가 적어서 저금을 할 수 없다는 것은 말이 안 된다. '급료가 적어서 저금 같은 건 하고 싶지 않아.'라고 생각하기 때문에 돈이 모이지 않으며 큰돈과 인연이 없는 것이다. 그러니 먼저 적어도 급료의 10퍼센트를 저금해보기 바란다. 그렇게 하려는 의식과 현실을 만들기 시작하면 지금까지 무의미하게 써버리던 돈의 가치도 느껴지며 소중하게 생각해야 한다는 사실도 깨닫게 되어 실제로 돈이 확실히 모이게 된다.

여러분이 돈을 이런 식으로 쓰기로 결심한 데 따라 돈도 형태를 바꿔 나가는 것이다.

돈을 낭비하는 것도, 모으는 것도, 돈을 순환시켜 더욱 돈을 불리는 것도 자신의 금전 감각에 달려 있다.

02

부자에게 어울리는 '마음의 자세'

내적인 마음에서 외적인 생활까지 풍요롭게 만든다!

AFFLUENT & HAPPY WOMAN

기회를 놓치지 않는다

정말로 그 일을 할 마음이 있는지 없는지,
돈의 신은 여러분을 지켜보고 있다

여러분이 정말로 성공하기로, 부자가 되기로, 마음속에 그리던 꿈을 실현하기로 결심하면 우주에 있는 신은 여러분의 정신에서 발산되는 에너지를 포착한다. 그리고 그 에너지에서 주문 내용을 접수한 순간, 여러분에게 다양한 기회를 제공하며 가장 쉽고 즐거우면서 원활하게 목적지에 도착할 수 있도록 길을 열어 준다. 우주는 언제나 좋은 의미에서 여러분을 적극적으로 지원할 준비를 하고 있다.

그러나 만약 여러분의 결심이 그다지 진심이 아니라면, 자신이 좋아하는 세계로 들어갈 충분한 마음의 준비가 되어 있지 않다면 한 번은 기회가 찾아와도 두 번째 기회는

오지 않는다. 마음속에서 진정으로 바라지 않는다면 새로운 기회가 주어지지 않는 것이다(여기에서 진심이라는 것은 그저 열심히 하는 것이 아니라 정말로 그 일을 맡아서 할 수 있다는 확신에 차 있는 상태를 말한다).

우주는 언제나 여러분의 결심이 어느 정도 진심이냐에 따라 현재 여러분이 일상에서 접하는 사람들이나 사건, 현상에 영향을 준다. 즉 첫 번째 기회를 주면서 정말로 여러분을 믿고 도와도 좋을지 시험을 하는 것이다. 저 사람에게 진심이 엿보일 때 역시 자신도 진심으로 대하게 되는 것은 사람이나 우주나 마찬가지다. 정말 진심으로 바랐다면 일이 잘 풀렸을 텐데 진심이 아니었기 때문에 기회를 놓치게 되는 사람을 우리 주변에서 얼마든지 찾아볼 수 있다.

내 친구 중에 나처럼 좋아하는 일을 하면서 돈을 많이 벌고 싶어 하는 사람이 있는데, 어느 날 그 친구가 내게 찾아와 "전부터 일러스트의 세계에서 살고 싶었는데, 한번 해보기로 드디어 마음을 굳혔어. 좋은 곳 좀 소개시켜 주지 않을래?"라고 말했다.

그래서 나는 "좋아. 그럼 네가 그린 일러스트를 나한테 먼저 보여줘. 어울리겠다 싶은 곳을 찾아서 부탁해 볼게."

라고 대답했다.

사실은 '정말 일러스트 일을 하고 싶은 마음이 있으면 나한테 찾아올 게 아니라 자기 작품이 어울리겠다 싶은 곳들을 직접 찾아가서 일러스트를 보여주고 인정을 받으려고 노력해야 하는 거 아니야?'라고 생각했지만, 그래도 기왕 나를 찾아왔으니 어떻게든 줄은 대 주기로 마음먹고 그렇게 대답한 것이었다.

그런데 그 친구는 "일러스트는 아직 그린 게 없어. 지금부터 그릴 거야."라는 것이었다. 그 말을 듣고 나는 "일을 하고 싶다는 말을 하려고 왔으면 보여줄 작품은 그려 와야 하는 거 아냐? 말로는 진심이라고 하면서 그 정도도 해 오지 않으면 그걸 누가 진심이라고 생각하겠어? 프로가 되려는 사람들은 모두 너보다 훨씬 진지하다고! 다른 사람한테 자신 있게 보일 수 있는 작품을 만든 다음에 다시 와."라고 조금 심하게(사실 맞는 말이지만) 쏘아붙였다.

그러자 친구는 "알았어……."라고 말하고 돌아가서는 몇 주 뒤에 일러스트를 몇 점 가지고 왔다. 작품을 보니 다른 사람에게 보여도 될 수준이었기 때문에 흥미를 보일 만한 관계자를 소개하게 되었다.

그 관계자와 식사를 하면서 이야기를 나눌 때였다. 친구의 일러스트를 몇 장 보고 이미 일을 의뢰할 마음을 굳힌 관계자는 좀 더 나중에 있을 일까지 염두에 두고 "좀 더 많이 그릴 수 있겠습니까? 그리고 다른 기법으로도 그릴 수 있습니까? 이쪽 업계는 마감 시간도 지켜줘야 하고 급한 일도 부탁할 때가 있는데, 맞춰 줄 수 있겠습니까? 일이 많이 들어와도 괜찮겠습니까?"라고 이것저것 물어봤다.

그런데 친구는 대뜸 "그렇게 많이는 못 그리는데요. 가정도 있어서 시간을 좀 여유 있게 주지 않으면 힘들어요. 아, 그런데 이 정도 일러스트면 한 장에 얼마나 받을 수 있을까요?"라는 말을 꺼내는 것이 아닌가.

"못합니다."라든가 "무리입니다."와 같이 거부를 나타내는 말을 이런 자리(첫 기회가 찾아왔을 때)에서 한다는 것은 나로서는 생각도 할 수 없는 일이었기 때문에 내 등에는 식은땀이 흘렀다. 이 세계에서 살고 싶다고 했으면서 간신히 눈앞에 기회가 찾아왔는데 열심히 하겠다는 말은 못할망정, 아직 채용도 결정되지 않은 마당에 돈 이야기를 꺼내다니······. 소개를 한 내 얼굴이 화끈거릴 지경이었다.

그 말을 들은 관계자는(그때까지 내 친구처럼 꿈을 이루고 싶다는 사람이나 일러스트레이터가 되고 싶다는 사람을 수없이 만나 본 경험을 바탕으로 그 사람이 정말 진심인지, 어느 정도 열의가 있는지, 앞으로 쓸만한 사람인지 정도는 금방 알 수 있기 때문에) "그럼 검토해 보고 다음에 연락드리겠습니다."라고만 대답한 뒤 돌아갔다.

나중에 그 관계자는 내게 이렇게 말했다.

"우리는 사람들의 재능에는 그다지 큰 차이가 없다고 생각합니다. 잘하니까 하고 싶다는 거 아니겠습니까? 눈을 반짝거리면서 진심으로 하려는 열의가 있는 사람을 만나면 정말로 감동하게 됩니다. 언제나 그런 사람을 보면 응원해 주고 싶고, 기회나 큰 일거리를 주고 싶어집니다. 그런데 본인이 그런 세계(자신의 재능을 살려 활약할 세계)에 들어오려는 각오와 기꺼이 일을 해보려는 진심어린 자세를 보이지 않으면 채용하고 싶어도 어떻게 채용하겠습니까?"

자신이 좋아하는 일을 하면서 부자가 된 사람들은 대부분 그 일을 하는 것 자체를 너무나 좋아하기 때문에 다른 일을 하면서 사는 인생은 생각도 못할 만큼 그 일을 사랑한다. 그런 사람들은 얼마를 받으면 하고 얼마를 받으면 안 하는 것이 아니라 자신에게 주어진 일을 즐길 뿐이다. 그렇기 때문에 그 사람의 풍요로운 자세에 감응하듯이 다음에는 더욱 좋은 일이나 큰돈을 받을 수 있는 일이 찾아오며, 또 그런 일들을 즐거운 마음으로 정신없이 하다 보면 어느덧 좋아하는 일을 하면서 부자가 되어버리는 것이다. 이리저리 재어 본 것도 아니고 술수를 부린 것도 아니다. 그런 풍요로운 마음과 자세가 현실적으로 넉넉한 보수를 가져다주었을 뿐이다. 보수에 대한 교섭 같은 것은 일을 일단 시작하면 나중에도 얼마든지 할 수 있다. 여러 가지 조건과 계약에 대한 교섭도 관계자와 좋은 관계를 유지하면서 일을 하다 보면 나중에 얼마든지 융통성을 발휘해준다.

그러므로 기회의 문 앞에 서서 빈약한 발상으로 이상한 조건을 늘어놓거나, 정말로 일을 하고 싶다는 것인지 하기 싫다는 것인지 모를 애매모호한 태도를 보이거나, 아직 일도 시작하지 않았는데 돈에 대한 교섭부터 하려고 하면 풍요로운 삶과는 인연이 멀어지고 만다.

좋은 일을 하면서 부자가 되기 위해 가장 먼저 해야 할 일은 일단 주어진 기회를 확실하게 잡는 것이다. 받는 금액이 많든 적든, 일의 규모가 크든 작든 일단 '그 일을 한 번 확실하게 완수'하면 다음 상황이 펼쳐질 것이며, 그 과정을 거치다 보면 더욱 중요한 인물이나 큰돈과 인연을 맺을 수 있게 될 것이다. 부자가 될 사람은 그렇게 찾아온 기회나 일, 사건, 사람을 결코 놓치는 법이 없다. 그러한 것들의 에너지가 나중에 돈으로 환산되어 주머니 속으로 들어오기 때문이다.

어떻게 대응 하느냐에 따라
결과는 확연히 달라진다

전에 내가 다니던 회사에 O와 S라는 대조적인 두 여성 사원이 있었다. 두 사람은 거의 같은 시기에 그 회사 본사의 중요한 부서에 소속되어 있으면서 거의 같은 급료를 받았다.

O는 회사에 들어왔을 때부터 자신을 인정해 준 사장이 너무나 고마웠고 그 회사에 들어왔다는 사실을 너무나 자랑스럽게 생각했으며 무슨 일에든 감사하는 사람이었다. 그리고 언제나 웃는 얼굴로 주위의 분위기를 화기애애하게 만들었다. 한편 S는 달리 갈 곳이 없어서 어쩔 수 없이 들어왔다는 듯이 회사에 불만이 많고 언제나 짜증을 내는 사람이었다.

그런데 어느 날 사장이 급여와 보너스를 조정하기 위해 사원 한 사람 한 사람과 개별적으로 면담을 하게 되었다. 사장으로서는 평소에 좀처럼 만나기 힘든 사원들과 대화를 하려는 생각도 있었다.

이윽고 O가 사장과 면담을 하게 되었는데, O는 회사의 모든 점에 만족했기 때문에 달리 바라는 것이 없었다. 그래서 사장에게 "사장님, 전 이 회사에서 일할 수 있는 것만으로도 너무나 행복해요. 하는 일도 마음에 들고 모두들 저한테 친절하게 대해 줘서 매일매일 회사에서 일하는 것이 너무나 즐거워요. 정말로 고맙고 감사하게 생각해요."라고 감사와 기쁨의 마음을 전했다. 그러자 그 말을 들은 사장은 얼굴에 환한 웃음을 띠며 "그래? 그렇게 말해주시니 나도 정말 기쁘군. 그런데 자네가 하는 업무는 일도 많고 힘든 것으로 알고 있는데, 할 만한가? 힘들지는 않아?"라고 물었다. 그 질문에 대해 O는 이렇게 대답했다. "문제없어요. 보람도 많고 뭔가 의미 있는 일을 한다는 기분도 들거든요. 정말 좋은 일을 할 수 있게 해주셔서 고맙습니다. 앞으로도 열심히 하겠어요." 사장은 크게 만족하며 면담을 끝냈다.

다음으로 S가 면담을 할 차례가 되었다. 그런데 S는 시작부터 "한 말씀 드려도 될까요?"라며 시비조로 사장에게 말을 거는 게 아닌가. "사장님, 이번에 급여와 보너스를 조정할 때 반드시 100만원 정도는 올려주셨으면 좋겠습니다. 그렇지 않으면 일 못하겠어요. 그리고 저희 부서는 일도 어렵고 양도 많아서 이대로는 제 몸이 버텨내기가 힘드네요. 그러니 유급 휴가도 늘려달라고 부탁하고 싶은 심정이에요. 이 회사에 처음 들어왔을 때부터 말씀드렸지만, 예전에 다니던 회사에서도 350만원은 넘게 받았으니 제 능력을 좀 더 인정해 주셨으면 해요. 혹시 제 가치를 몰라주시는 건 아닌가 싶어서 기분이 좋지 않네요." 이렇게 갑자기 불평불만을 늘어놓는 것이다.

그래도 사장은 부드럽고 상냥한 목소리로 "열심히 일하고 있다는 것은 잘 알고 있네. 사원 한 명 한 명을 모두 지켜보고 있으니 열심히 해주게."라고 대답했다. 그러나 면담이 끝난 뒤에도 S는 뭔가 아직 할 말이 더 있다는 듯이 "사장님, 좀 더 말씀드릴 것이 있으니 시간 좀 더 내 주시겠습니까?"라며 사장에게 면담 시간을 더 늘려줄 것을 요구하고는 급여 문제와 회사에 대한 불만을 계속 늘어놓았다. 그래서 사장이 "잠깐만 기다려 주겠나? 급여를 올려주는 쪽으로 검토를 할 테니."라고 말했지만, "350만원 이상 주시지 않으려면 제 일을 줄여 주세요. 잔업도 하고 싶지 않아요. 전 이렇게 적은 급여를 받고 일한 적은 한 번도 없었어요."라고 선언하기에 이르렀다.

그 후 다시 사장과 이야기를 했을 때 사장의 입에서 나온 말은 급여와 보너스 인상도 아니고 업무를 줄여 주겠다는 개선안도 아닌 '해고 통보'였다.

반면에 O는 특별 급여 인상과 보너스, 새로운 컴퓨터 그리고 O가 전부터 하고 싶어 했던 업무를 선물로 받았다. 이 선물을 받은 O는 더욱 고마워했으며, 이렇게 고마워할 때마다 계속해서 사장과 동료들뿐만 아니라 우주에서까지 여러 가지 상황에서 좋은 선물을 받게 되었다.

이 두 사람의 일화는 이 세상의 부유함의 법칙 그 자체라 할 수 있다. 빈곤은 또 다른 빈곤을 부르며, 풍요는 또 다른 풍요를 가져온다는 법칙을 실증하는 듯한 사건이었다. 자신이 원하는 돈과 대우를 받고 싶다면 불만을 털어놓으며 호소하거나 여러 가지 요구 사항을 늘어놓기보다 '먼저 지금의 모습에 감사하는' 넉넉한 자세가 중요하다. 그러는 편이 쉽게 원하는 것을 손에 넣어 결과적으로 승리를 차지할 수 있기 때문이다.

인간 영향 심리학에서도 "사람은 요구에 대해서는 완고해지고 저항감과 거부감을 느끼지만, 감사에 대해서는 그 감사에 대한 보답이나 더 큰 풍요함을 선물하려 한다."고 했다.

자신의 가치를 깨닫는다

재산을 모은 사람은
'그만큼의 가치'가 있는 사람이다!

부자가 되는 사람은 '나는 부자가 될 자격이 있어.'라는 가치관을 가지고 있으며, 부자가 되지 못하는 사람은 '나는 부자가 될 수 없어.'라는 가치관을 가지고 있다.

물론 "뭐? 말도 안 되는 소리. 부자가 되고 싶지 않은 사람이 어디 있다고 그래?"라고 말하는 사람도 있을 것이다. 하지만 '아아, 부자가 되고 싶어~(하지만 못 될 것도 같아).'라고 막연하게 생각하는 것과 '(난) 부자가 될 거야(그럴 만한 자격이 있어).'라는 가치관을 가지고 자신을 인정하며 부자가 되기를 바라는 것은 완전히 다른 이야기다.

사람은 손에 넣을 가치가 있는 것에 접근하며, 그럴 가치가 없는 것에는 다가가지 않고 멀어지려고 하는 성질이 있다. 따라서 진정으로 자신의 가치를 아는 사람만이 실패나 위험에 개의치 않고 재산을 모으는 일이나 꿈, 성공을 목표로 에너지를 쏟아부을 수 있기 때문에 결국 노력에 대한 커다란 보수를 받을 수 있는 것이다.

자신에게 가치를 느끼지 못하는 사람은 자신이 생각한 일에 도전하거나 원하는 것을 손에 넣기 위해 움직일 가치조차 느끼지 못하기 때문에(마음속 어딘가에서 자신에게는 그것을 이룰 가치가 없다고 생각하기 때문에) 손을 대려 하지 않고 그 일을 위해 움직이지 않는다. 또 설령 시도해볼 마음을 먹더라도 위험 부담이나 실패의 가능성만을 생각하기 때문에 결국 아무것도 이루지 못하며 보상도 받지 못한다.

부자가 되고 싶다고 망설임 없이 굳게 마음을 먹었다면 먼저 자신의 가치를 느끼는 것이 중요하다. 자신의 가치를 깨닫는 것이야말로 이상적이라고 생각하는 자신의 모습을 만들기 위한 원동력과 계기가 되며, 실제로 스스로 느끼는 자신의 가치만큼 실현되기 때문이다. 세상에 가치가 없는 사람은 없다. 그러므로 자신이 얻으려는 것이나 이루려는 바에 대해, 특히 부자가 되고 싶다는 바람에 대해 그것을 받을(실현할) 가치가 있다고 자신에게 가르쳐 주기 바란다.

자신의 가치를 아는 사람은 적극적으로 무엇인가를 받으려고 하며, 자신의 가치를 모르는 사람은 어떤 것에 대해서든 그것을 받아들이는 데 소극적이다. 자신의 가치를 아는 사람은 어떤 일을 눈앞에 둔 시점에서 이미 '나라면 이렇게 처리해 나갈 것이다.'라는 앞으로의 전개가 훤하게 보이기 때문에 그 일을 즐겁게 진행할 수 있다. 그들은 이렇게 눈앞의 일을 하나하나 처리해 나가다 보면 다음 문이 자연스럽게 열린다는 사실을 알고 있다. 그 사실을 알기 때문에 쓸데없이 겁을 먹을 일도 없다.

자신의, 자신이 열중하는 일의, 가지고 싶어 하는 것의 가치를 느낄 수 있는 사람은 '해보고 싶어!', '꼭 이루고 싶어!', '갖고 싶어!'라는 즐거움이 앞선다. 그리고 두근거리는 마음으로 에너지를 집중하기 때문에 결국 무슨 일이든 훌륭히 해나가며, 그러다보면 자연스럽게 자신의 가치를 더욱 높이게 된다. 일단 자신의 가치를 깨달은 사람은 그 가치를 점점 높일 수 있게 되며, 자신이 바라는 정도의 부자가 되려고 노력해 결국 이루고 만다.

자기 가치를 높인다

자신이 생각하는 본인의 가치는
말없이 다른 사람에게 전파된다

앞에 이어서 같은 주제의 이야기를 조금 더 해볼까 한다.

큰돈을 벌려면 자신이 그 정도의 큰돈을 가질 자격이 있는 사람이라는 확신이 있어야 한다. 이는 지나친 자신감도 교만함도 아니다. '나는 그 일을 해낼 수 있어.', '나는 그 일을 처리해서 그에 합당한 보수를 받을 만한 능력이 있어.'와 같이 자신의 능력이 어느 정도인지를 알고 있어야 한다는 것이다. 그리고 그 일에 어떻게 관여해야 할지 스스로 이해하고 있다는 뜻이다.

자신의 가치를 모르는 사람은 대개 자신에게 찾아온 행운이나 행복, 더 나은 번영과 비약을 걷어차버리기 일쑤며, 돈과 제대로 인연을 맺지 못한다. 그들은 큰 일거리나 출세, 엄청난 부를 쌓을 수 있는 기회가 왔을 때 위축되든가, 남의 일처럼 느끼며 자신과는 관계없다고 생각하든가, 깔끔하게 거절해버리고 싶다는 생각에 빠지게 된다. 이는 자신을 믿지 못하며 자신에게는 그 일을 해낼 수 있는 힘이 없다고 스스로를 얕잡아 보고 과소평가하는 것으로, 이러한 생각 때문에 자신의 가치를 인정하지 못하게 된다.

모든 일은 자신에게 어울리는 형태로 찾아오도록 되어 있다. 이것이 우주의 에너지 공명의 법칙이다. 여러분에게 들어온 솔깃한 이야기나 큰 일거리, 돈이 되는 이야기는 여러분에게 그 일을 할 충분한 능력이 있기 때문에 찾아온 것일 뿐이다. 만약 그렇지 않다면 애초에 찾아오지도 않았을 것이다. 따라서 당신의 발전을 기대할 수 있는 일이 찾아오면 자신이 그 일을 받을 가치가 있다고 받아들이는 감각을 키우는 것이 자신에게 높은 가치를 부여하고 그에 걸맞는 현실을 실현해나가기 위한 비결이다.

사람은 자신이 가질 가치가 있는 것을 가지려 한다

자신에게 가치가 있다고 생각하지 않으면 다른 사람이나 외부에서 찾아온 기회를 받아들이지 못할 뿐만 아니라 자기 돈으로 무엇인가를 사는 일조차 주저하거나 제동을 걸게 된다.

예를 들어 자신에게 좋은 것을 선물할 가치를 느끼지 못하는 사람은 '봉급쟁이 주제에 해외여행은 사치일 뿐이야.'라든가, '이렇게 비싼 고급 브랜드 제품은 사면 안 돼.', '저렇게 멋진 양복은 나한테 어울리지 않아.', '값비싼 보석을 몸에 두르고 다니는 건 죄악이야.'라고 생각해 버린다. 그러면서도 실제로는 그러한 것들을 많이 가진 사람들을 부러워하고 질투하며, 구입을 포기하기 위한 이유를 이론적으로 생각해 그러한 것들을 가질 필요가 없다고 자기 자신과 남들에게 계속해서 설교한다.

그러나 자신에게 가치를 느끼며 사는 사람들은 이와는 반대로 그런 복잡한 생각을 하지 않는다. 그들은 멋진 양복이든, 값비싼 보석이든, 또는 해외여행의 기회든 '가지고 싶다'고 가볍게 생각하며 그것을 자신에게 선물할 뿐이다.

자신에게 가치를 느끼지 못하는 사람은 자신에게 가치를 느끼는 사람보다 좋은 것을 받아들이는 일이나 풍요로움을 경험하는 일, 큰돈을 손에 넣는 일에 묘한 저항감을 느끼며 그것이 자신에게 오도록 허락치 않는다. 그러나 그러한 행동을 그만두지 않는 한 평생 자신이 바라던 좋은 물건이나 풍요로움이 가득한 현실은 실현되지 않는다. 현재의 모습이 어떠하든, 다른 사람이 여러분의 가치를 어떻게 생각하든 상관없이 여러분은 여러분의 가치에 걸맞는 것을 받아들여 실현해나가는 것이다.

그리고 또 여러분이 자신의 가치를 느끼며 살고 있는지 아닌지는 여러분이 풍기는 분위기를 통해 자연스럽게 다른 사람과 외부에 알려지며, 그에 따라 대우를 하고 현상을 일으킨다. 즉 여러분이 평소에 자신에게 가치를 느끼며 살아간다면 여러분은 언제나 그 가치에 맞는 태도와 행동을 하기 때문에 다른 사람도 여러분을 '가치 있는 사람'으로 대우한다. 반대로 여러분이 평소에 자신을 가치 없는 사람이라고 멋대로 정하고 살면 여러분은 자신도 모르게 비굴한 태도나 소극적인 인상을 보이며 그렇게 행동한다. 이는 다른 사람에게도 전달되기 때문에 그들은 여러분을 가치가 없는 사람(사실은 누구나 충분히 가치가 있는데도)으로 여기고 마구 대하게 된다. 그러므로 자신을 위해서도 그리고 다른 사람을 위해서도 여러분이 가치 있는 사람임을 분위기로써 분명하게 내보일 필요가 있다.

이 세상에서는 항상 자신의 높은 가치를 외부에 잘 알린 사람부터 순서대로 남들의 인정을 받으며, 기회를 얻어 성공함으로써 큰돈을 벌게 된다. 꿈이나 일 등에서 자신의 높은 가치를 인정하고 잘 표현할 수 있었던 사람들이 성공해 부자가 되는 것이다.

결국 다른 사람이나 외부의 인정을 받기 전에 스스로 자신의 가치를 느끼고 인정하며 표현하는 일이 가장 중요하다.

돈과 다른 것을 비교하지 않는다

"돈보다 사랑이 중요해." 같은 식으로
대상이 다른 둘을 비교하며 토론하지 말자

부자인 사람들은 돈과 다른 것을 일일이 비교하며 무엇이 더 중요하고 무엇이 덜 중요한지 따지지 않는다. 또 그런 일로 눈을 치켜뜨고 다른 사람들과 토론을 벌이는 일도 없다. 왜냐하면 그들은 모든 것이 균형 있고 풍부하게 갖춰진 것이야말로 진정으로 바람직한 상태라는 사실을 알기 때문이다.

반면에 돈 때문에 고생하는 사람들은 돈과 다른 것을 저울에 올려놓고 억지를 부리거나 논쟁하는 일이 많다. 예를 들어 누군가가 돈이 많다거나 큰돈을 벌었다는 이야기를 들으면 갑자기 벌레라도 씹은 듯한 표정으로 "난 말이지,

아등바등 돈을 벌기보다는 사랑이 있는 인생을 살고 싶어. 좋은 친구들만 많으면 돈 같은 건 없어도 좋아."라며 돈 자체나 큰돈을 벌려는 사람을 뭔가 잘못되었다는 듯이 말하는 사람이 있다. 하지만 이는 말도 안 되는 소리다. 돈이 없으면 생활을 할 수가 없으며, 살아가면서 사람, 물건, 시간, 장소와 접촉할 기회를 얻지 못할 때가 많기 때문이다. 그렇다고 애정이 있으면 돈은 필요 없는가 하면 그렇지도 않다. "사랑만 있으면 돈 한 푼 없어도 좋아."라며 수입이 없는 사람과 결혼하는 사람은 없다. 모두들 돈도 있고 마음씨 좋으며 일도 잘하는 남성과 결혼하고 싶어 한다. 게다가 자기 자식이 눈앞에서 배가 고파 쓰러지려 하는데 빵 하나 사 줄 돈도 없으면서 사랑만 있으면 돈 따위는 필요 없다고 말할 수는 없지 않은가?

그리고 그런 주장을 하는 사람들을 살펴보면 입에 풀칠할 정도로만 살거나, 그런 가운데서도 매주 복권은 빼먹지 않고 사거나, 추석이나 설날에 친척에게 선물을 보내는 것도 아까워 불평을 하거나, 이익인지 손해인지 민감하게 따지는 일이 많거나, 남의 성공을 배 아파하거나, 항상 돈을 비판하고 다닌다.

풍요로운 삶을 진정으로 바란다면 먼저 돈이나 그 밖의 풍요로움에 대한 비뚤어진 생각이나 태도, 비판을 그만두자. 그리고 무엇이 있으면 무엇은 없어도 좋다는 식의 제한된 생각이 아닌, 좋은 것은 모두 넉넉하게 있으면 좋겠다고 바라며 받아들이려 하자.

돈이 스스로 나쁜 짓을 하는 일은 없다. 단지 그 돈을 쓰는 사람의 생각이나 에너지가 반영될 뿐이므로 쓰는 사람의 의식을 바꿔야 한다. 부자가 되고 싶거나 여유 있는 사람들과 풍요로운 관계를 맺고 싶다면 이를 명심하자.

무한대를 좋아한다

부자는 무한을 환영하며, 돈에 쪼들리는 사람은 제한하고 싶어 한다!

성공한 사람들의 모임에 들어가 많은 억만장자 친구들, 존경하는 선배들과 사귀게 되고 실제로 나 자신도 나름대로 바란 만큼 재산을 모으기 시작하면서 새삼스럽게 깨닫고 감탄한 것이 있다. 풍요로운 마음으로 좋아하는 일을 즐겁게 하면서 결과적으로 많은 돈을 버는 사람들은 '좋은 것을 받아들이는' 데 대해서는 제한을 두지 않고 '무한대로' 환영한다는 점이다. 그들은 자신에게 찾아오는 사람과 기회, 사건, 우주의 선물 따위를 얼마든지 기쁜 마음으로 받아들이려는 마음가짐을 당연하게 생각한다. 항상 사고방식이 긍정적이고 생각의 방향이 발전과 번영, 성공, 비약

쪽으로 향해 있으며, 기분 좋게 받아서 다른 이들에게도 넉넉하게 환원한다는 생각을 한다.

이와는 반대로 언제나 돈에 쪼들리는 사람들과 이야기를 하다 보면 가슴이 답답해 숨쉬기가 힘들 정도로 부정적이고 제한적으로 생각한다. 예를 들어 누군가가 장사를 시작했는데 장사가 잘돼 점점 자신의 가능성을 넓히려 하면 "그쯤에서 적당히 멈추는 게 좋아. 너무 돈을 벌면 다른 사람들이 싫어한다.", "그렇게 돈만 밝히면 나중에 벌 받을지도 몰라.", "돈의 노예가 되면 사람들이 다 떠나가버린다."는 식으로 말을 한다. 그런 사람들은 돈을 많이 버는 것을 천벌을 받을 몹쓸 짓이라고 생각한다. 사실 당사자는 누가 봐도 행복한 표정으로 그 일이 너무 재미있다며 감사하는 마음으로 즐겁게 열심히 일하고 있는데, 돈이 목적이 아니라 꿈을 이루려는 것이며 그 결과로 당연한 보수를 받을 뿐인데, 돈의 노예가 된 것이 아니라 넓게 펼쳐진 가능성에 흥분하며 앞으로 나아가고 있을 뿐인데, 그것을 모르는 사람은 부정적인 말만 하는 것이다.

그렇다면 그들은 왜 그런 말을 하는 것일까? 사실은 자신도 성공하고 싶고 부자가 되고 싶지만 자신의 제한적이고 부정적인 생각과 태도 때문에 그렇게 되지 못하기 때문이다. 또 자신에게 없는 것에 대한 질투와 부러움이 있을 때도 있으며, 그것을 이루지 못하는 자신을 정당화하기 위한 논리로써 자신에게 말하는 것이기도 하다. 사실은 자신도 성공하고 싶고 부자가 되고 싶으면서 왜 그런 식으로 상반된 행동을 하는 것일까? 그런 사람들은 불행해지는 것이 아니라 행복해지는 것을, 가난해지는 것이 아니라 풍요로워지는 것을 두려워해 거부하기 때문이다. 사람은 미지의 무엇인가에 대해 두려움을 느낀다. 그렇기 때문에 그때까지 인생에서 풍요를 맛본 적이 없는 사람이나 풍요로움에 익숙지 못한 사람은 풍요나 좋은 일이 자신에게 찾아올수록 받아들이기가 두려운 것이다. 이들은 좋은 일이 있으면 다음에는 나쁜 일이 찾아오지는 않을까 하는 걱정에 눈앞의 행복을 실감하지 못한다. 그리고 다음에 찾아올지도 모를 나쁜 일에 대한 걱정으로 가득하거나 돈이 들어올 때 감사하고 기뻐하지 못하고 돈이 나갈 걱정만 하곤 하는데, 이는 모두 좋은 일이나 풍요, 행복을 두려워하기 때문이다.

그러나 이러한 생각은 각자의 가정과 성장 과정에서 각

인되고 구축된 그 사람의 고정관념일 뿐이다. 우주는 좋은 일을 주고 나면 다음에는 나쁜 일을 주려는 생각 따위는 하지 않는다. 우주는 언제나 무엇인가를 가지고 싶다고 말하는 사람에게 그것을 주며, 받아들일 그릇이 큰 사람에게는 그만큼 많이 줄 수 있다. 그리고 더욱 가지고 싶다며 얼마든지 받아들일 준비가 되어 있는 사람에게는 기꺼이 계속해서 좋은 선물을 준다. 이것이 풍요에 대한 우주의 법칙이다. 딱 요만큼만 받고 그 이상을 기대해서는 안 된다는 식의 걱정은 할 필요가 없는 것이다.

풍요롭고 사치스러우며 우아한, 기쁨에 찬 생활을 하는 사람은 수단과 경로를 가리지 않고 제한도 하지 않으며 그저 좋은 것이 찾아오는 것을 환영하며 받아들인다. 그리고 그러한 좋은 것들이 자신에게 잔뜩 찾아오면 그것을 배려나 말, 사랑, 지원, 금품, 사건 등 그때그때에 맞는 방식으로 다른 사람이나 세상에 환원하려 한다.

사람들에게 찾아오는 모든 현상은 먼저 마음속에서 발생해 외부에 표출되는 것일 뿐이다. 일상생활에서 돈이나 일, 인간관계 따위가 한계에 부딪치는 일이 많은 것은 그 사람이 자신의 내부에 부정적이고 제한적으로 한계를 설정

했기 때문이다. 그것을 긍정적이며 무한대로 확장하면 수단과 방법, 아이디어, 기회, 사건, 인물, 상황이 계속 찾아와 모든 일이 잘 풀릴 것이다.

마음과 행동이 풍요로운데 가난해지는 일은 없다. 무한대의 풍요를 환영하면 실제로 신기할 정도로 다양한 방향에서 여러 가지 좋은 일이 끊임없이 일어날 것이다.

부자는 싸움을 하지 않는다

남을 소중히 여기는 사람은 영원한 승자가 되며 필연적으로 부자가 된다

예전에 내가 신참 작가로서 한 잡지의 인물 취재를 위해 뛰어다니던 무렵에 한 여성 부호와 인터뷰를 한 적이 있는데, 취재 후 그 여성의 사생활이 궁금해 "T씨처럼 여성이 혼자서 자수성가해 큰 부자가 될 수 있는 비결이 있을까요?"라고 슬쩍 물어보았다. 그러자 "비결이라고 할만한 게 많지는 않고요, 딱 하나만 기억해 두시면 되요."라는 대답이 돌아왔다. 깜짝 놀란 내가 "네? 딱 하나요? 그게 뭐지요?" 하고 묻자 그녀는 살짝 웃음을 띠며 이렇게 말해줬다.

"'부자는 싸움을 하지 않는다.'는 것이에요. 돈이 없는 사람들은 너무 쉽게 싸움을 해요. 그래서 인간관계나 일, 거래를 간단하게 망쳐버리죠. 이건 마음속의 가난함이 그렇게 만드는 거예요. 마음이 황폐하고 가난해지니까 웃지도 않고 말과 태도도 거칠어지고 금방 어떤 일이나 다른 사람에게 짜증이 나는 거지요. 마음이 넉넉하면 나오는 말이나 태도에도 여유가 생겨요. 그러면 무슨 일이든 잘 풀리게 되죠.

 사람은 사실 돈이 없으니까 마음이 가난해지는 것이 아니라, 오히려 마음이 가난하니까 돈이 없는 거예요. 무슨 말인지 이해하시겠어요? 그렇지 않다고 생각하는 사람도 있지만 이건 진실이에요. 사실 눈앞에 있는 사람이 부자인지 아닌지 어떻게 알겠어요? 그러니까 사람은 그런 부분은 눈여겨보지 않아요. 처음 만난 사람의 인상이 불쾌했다면 그 사람과는 친구도 될 수 없고 일도 같이 못하죠. 다른 사람한테 소개시켜 주지도 않아요. 하지만 설령 그 사람이 이름도 없고 지위도 보잘 것 없고 부자가 아니더라도 처음 만났을 때 느낌이 좋고 말과 행동에 여유가 느껴지면 제 마음도 풍요로워지죠. 그리고 '이 사람에게 이 일을 맡겨 보자.'라든가 '이 사람이 출세할 수 있도록 도와주자.', '이 사람에게 그 사람을 소개해서 크게 키워 보자.', '이 일은 돈이 될 거 같은데, 이 사람한테 알려줘야지.' 같은 생각을 하게 되요.

남이 자신을 이렇게 생각하도록 만들 수 있다면 그 사람은 대단한 사람이에요. 원래 돈이라는 건 다른 사람을 통해서 자신에게 오게 되어 있거든요. 회사끼리 상담(商談)을 할 때도 핵심은 사람이에요.

인간적으로 성공하면 일도 성공하게 되고 돈도 늘어나요. 인간적으로 성공한다는 말은 '상대의 호감을 산다.'는 뜻이에요.

싸움은 반대로 파멸을 부르니까 절대로 해서는 안 돼요. 싸움을 할 정도의 관계만 되지 않으면 모든 관계는 잘 유지될 수 있어요. 그러면 인간관계도 자연히 넓어지죠."

예를 들어 상대가 품위 없는 말과 태도로 화를 돋우어도 싸우려는 생각을 하지 않으면 유연하게 대처할 수 있게 된다. 불꽃 튀는 싸움을 벌여 이기는 것이 아니라 넓은 마음으로 감싸는 것이야말로 승자가 되는 비결인 것이다.

그런 사실을 알게 된 뒤 나는 성공한 부자들을 만날 때마다 그들을 살펴봤는데, 부자가 된 사람들은 모두 일도 가

정도 잘 꾸려나가며 친구와 친지, 가족, 자신의 일과 관련된 사람들과 사이가 좋았다.

　너무나 단순한 사실일지도 모르지만, 이 말을 기억해 둬야 할 것 같은 기분이 든다.

Affluent & Happy Column

여러분에게 돈을 주는 회사와 사장의 험담을 하면 돈이 끊겨 버린다

돈의 법칙 중에는 자신에게 돈을 가져다주는 사람에게 불평불만이나 험담을 하거나 비판 또는 공격을 하면 돈과 인연이 끊어진다는 법칙이 있다. 반대로 여러분에게 돈을 가져다주는 사람에게 고마워하고 풍요로운 마음으로 대하면 더욱 많은 돈과 그 밖의 풍요로운 것들이 굴러들어온다는 법칙도 있다. 어느 법칙을 이용할지는 여러분의 몫이다.

'자신에게 돈을 가져다주는 사람'은 누구일까? 여러분이 회사에 다닌다면 그 회사나 회사의 사장, 또는 급여를 결정하는 권한이 있는 사람 등이 여러분에게 돈을 가져다주는 사람이다. 직접 일거리를 구해서 일하는 자영업자라면 자신에게 일거리를 주는 의뢰인(거래처)이 여기에 속한다. 만약 주부라면 돈을 벌어오는 남편이 이에 해당한다. 장사를 한다면(무엇인가를 다른 사람에게 제공해 대금을 받는 일을 한다면) 그것을 사주는(그것에 돈을 내는) 손님이 돈을 가져다주는 사람이라고 할 수 있다.

그런데 그런 사람들을 상대로 불평불만이나 악담을 하거나 비판, 공격만

하거나 좋지 않은 기분으로 대하면 스스로 자신의 목을 조이는 결과를 초래하고 만다. 돈 또는 돈의 흐름은 일종의 에너지(그 물질을 손에 넣은 사람의 에너지의 질에 반응해 움직이는 것)이기 때문에, 자신에게 돈을 가져다주는 사람을 부정하거나 거절하는 에너지가 있으면 흐름이 엉켜버리거나 끊어지게 된다. 그러므로 현재 자신이 무사하게 살고 있다는 사실을 당연하게 여기지 말고 넉넉한 마음으로 바라보는 것이 중요하다.

예를 들어 어느 회사원이 '이런 쥐꼬리만한 봉급만 주고 말이야.'라든가 '빌어먹을 구두쇠 사장'이라든가 '다른 회사는 더 많이 주는데' 같은 생각을 하고 있으면 그 비판적인 생각이 반드시 사장이나 회사 안으로 흘러들어가 여러분의 기질을 반영하는 듯한 사건을 일으키게 된다.

그렇게 되지 않기 위해서는 '그렇다면 누가 실제로 여러분을 고용했고 여러분에게 돈을 주는가?'라는 점을 생각해보기 바란다. 다른 회사에서 채용하지 않은 여러분을 이 회사에서 채용했기 때문에 여러분이 생활을 할 수 있다는 사실을 알면 불평 따위는 생각할 수도 없을 것이다. 정말로 마음에 들지 않는다면 사표를 낸 다음 자신이 벌고 싶은 만큼 벌 수 있는 회사로 옮기면 그만이다. 선택권은 여러분에게 있다. 그러나 그런 노력도 하지 않고 회사나 사장을 계속 비난한다면 자신도 그 회사와 똑같은 구두쇠라고 인정하는 셈이다.

이 점을 이해한다면 상황을 얼마든지 좋은 방향으로 바꿀 수 있다. 예를 들어 회사나 사장에게 그 회사에서 일하는 데 대한 기쁨과 감사의 마음을 전하면, 또는 그런 마음을 전하지는 않더라도 여러분 나름대로 즐겁게 일하면 그런 좋은 기질 또한 사장이나 회사 안으로 흘러들어가기 때문에 이를 반영하는 듯한 사건이나 현상이 나타나게 되는 것이다. 즐겁게 일하는 여러분을 보고 '저 사람은 참 열심히 일하는구나.'라고 생각하게 되면 급여와 보너스를 올려주거나 더욱 보람 있고 돈을 많이 벌 수 있는 자리나 부서로 보내줄 것이다.

이 세상의 구조는 사실 놀랄 만큼 단순하다. 그러므로 자신이 좀 더 나은 모습으로 변하면 상대나 현상도 좋게 변하며 어느덧 운세도 좋아진다. 이 점을 무시하고 돈이나 풍요, 행운이 자신에게 찾아오기만을 바란다면 좋은 변화는 좀처럼 여러분을 찾아오지 않을 것이다. 이러한 부의 이치를 이해한 사람부터 순서대로 풍요해지도록 되어 있으므로, 돈을 가져다주는 사람을 넉넉한 마음으로 대하도록 노력하기만 하면 된다. 의외로 빠르게 상황이 호전되는 것을 보고 여러분 자신이 가장 놀라게 될 것이다.

03

부자가 되는 '개운開運 활동'

돈을 마구 불러오는 운세로 바꿔보자!

AFFLUENT & HAPPY WOMAN

좋아하는 지갑을 가지고 다닌다

**가지고 있기만 해도 행복해지는
지갑에는 돈이 제 발로 들어온다!**

돈과 좋은 관계를 맺고 있는 사람, 또는 이러니저러니 해도 위기에 몰리면 어딘가에서 필요한 돈이 갑자기 들어오거나 여기저기에서 임시 수입이 들어오는 행운아들은 자신이 가장 좋아하는 지갑을 애용한다. 게다가 그런 사람들은 지갑을 사는 데 돈을 쓰기를 망설이지 않으며, 오히려 좋은 지갑을 가지고 싶다는 생각에 좋아하는 브랜드나 고급 브랜드의 제품 등 값비싼 지갑을 가지고 다니는 경우가 많다. 슈퍼마켓이나 백화점에서 떨이로 파는 싸구려 지갑은 결코 쓰지 않으며, 그 지갑을 가지고 있다는 사실이 기쁘고 기분이 고양되며 마음이 풍요로워지는 것을 쓴다. 즉 돈을 넣는 곳인 '지갑'에 돈을 기꺼이 투자하는 것이다.

그 만족감과 고양감이 풍요로운 마음을 이끌어내고 그 지갑을 통해 돈이 들어오고 나가는 일에 부기(富氣, 금전운을 부르는 풍요한 파동)를 심게 되며, 그것이 금전운을 불러오는 파동(에너지)을 강화한다. 그러므로 금전운이 생기기를 바라거나 부자가 되고 싶은 사람은 용돈을 조금씩 절약하거나 약간 무리를 하더라도 전부터 가지고 싶었던 좋은 지갑을 사기 바란다. 물론 나도 언제나 좋아하는 지갑만 쓴다! 베이지색 가죽 제품으로, 브랜드의 로고가 들어간 금장식이 붙어 있다. 이 지갑을 가지고 다닌 뒤로는 좋은 일만 일어나는 듯하다.

지갑은 매일 쓰는 물건이다. 그러므로 싫어하거나 별로 좋아하지 않는 것, 마음에 들지는 않았지만 싸다는 이유만으로 산 것은 가지고 다니지 말도록 하자. 좋아하지도 않는 지갑을 가지고 다니면 기분이 좋아지지도 않고 자기도 모르게 무의식적으로 구두쇠처럼 행동할 때도 있다. 또 마음에 들지 않으면 아무래도 소중하게 다루지 않기 때문에 부엌이나 탁자 위에 아무렇지도 않게 내팽개쳐 두기 쉬운데, 이런 자세를 반영하듯이 돈도 내팽개쳐지게 된다. 그러나 너무나 좋아하는 소중한 지갑을 애용하면 행여나 더러워질까 조심하게 되어 반드시 가방 안에 넣어 두게 되고 아무데나 휙 던져 놓는 일도 없기 때문에 돈도 내팽개쳐지지 않는다.

여러분이 지갑을 다루는 태도와 마음은 사실 그 지갑에 들어 있는 돈에도 영향을 주며, 돈은 그 '기'에 반응하듯 움직인다. 그러므로 소중하게 돈을 넣고 기쁜 마음으로 돈을 쓰기 위해서라도 자신이 좋아하는 지갑을 가지고 다니는 것이 좋다.

여담으로 다양한 사람들을 보면서 느끼게 된 점이 있는데, 돈과 인연이 있는 사람이나 돈이 많은 사람은 "전 지갑을 고를 때 좀 까다로워요."라고 말하며 실제로도 좋은 지갑을 쓰는 사람이 많다. 반대로 돈과 인연이 없거나 돈에 쪼들리는 사람들은 대부분 "지갑 같은 거야 뭘 쓰든 거기서 거기지."라든가 "까다롭게 지갑을 골라서 뭐하려고. 아무거나 써도 상관없어.", "지갑 사는 데 돈을 쓰기는 좀 아깝잖아?"라면서 아무런 광채도 느껴지지 않는 지갑을 쓰거나, 몇 년 동안 계속 써서 여기저기 닳아 해지고 손때가 탄 지갑을 그냥 가지고 다닌다. 또는 산지 얼마 안 됐는데도 색이 탁하고 빈티가 나는 지갑을 가지고 다니기도 한다.

  돈에 관심이 없는 척하거나 돈을 넣는 지갑을 우습게 생각하거나 돈을 함부로 다루는 자세를 버리고 호의적이면서 소중하게 다루는 마음과 태도로 바꾸면 여러분의 금전운은 점점 좋아질 것이다.

좋아하는 지갑을 가지고 다니면
행운이 찾아온다!

●● 좋아하는 지갑을 샀을 때의 고양감과 행복함, 부기(富氣)가 지갑을 통해 돈으로 들어가 금전운을 자연스럽게 올려준다.

●● 좋아하는 지갑이라는 말은 여러분의 마음에 들었다는 뜻이므로 여러분과 상성과 파장이 좋으며, '마음'이 들어간 것은 연쇄적으로 좋은 일을 불러오기 때문에 가지고 있기만 해도 좋은 일이 생긴다.

●● 좋아하는 지갑을 가졌다는 기쁨이 자신을 풍요롭게 하고 기쁜 마음으로 돈을 다루도록 만들며, 그 행복한 마음이 행복

한 사건을 불러오는 가운데 금전운이 좋아진다.

●● 좋아하는 지갑은 소중히 다루게 되기 때문에 그 안에서 역시 소중하게 다뤄진 돈도 여러분을 소중히 여겨 친구들(돈다발)을 잔뜩 데리고 온다.

●● 좋아하는 지갑을 가졌다는 사실 하나만으로도 매일 즐겁고 행복하기 때문에 돈이 오고가는 모든 일에 윤활 현상(일이 막힘없고 원활하게 풀리는 것)이 일어난다.

●● 좋아하는 지갑을 가지고 있으면 이유 없이 금전운이 좋은 사람을 만나거나 돈이 되는 사건, 큰돈을 벌 수 있는 일거리가 찾아오며, 급여가 특별 상승하거나 생각지도 못한 임시 수입이 생긴다.

●● 좋아하는 지갑을 가지고 있으면 급하게 돈이 필요해졌을 때 어떤 형태로든 돈이 들어오거나 누군가가 지원을 해줘 위기에서 벗어날 때가 있다.

●● 좋아하는 지갑을 가지고 있으면 지갑만으로도 만족하게 되기 때문에 오히려 필요도 없는데 이상한 물건을 사거나 헛

돈을 쓰는 일이 없게 된다.

●● 전부터 가지고 싶었던 고급 브랜드의 멋진 지갑을 과감하게 산 순간, '이 지갑을 쓰자마자 금방 돈이 들어왔어!'라든가 '이 지갑을 쓴 다음부터는 계속 좋은 일이 생계'와 같은 행복한 현상이 늘기 시작한다.

좋아하는 지갑을 고를 때 참고하면 좋은 금전운 상승 비결

●● 금전운을 불러오는 금으로 된 장식이나 문양이 있는 것을 고른다.

●● 가게에서 살 마음을 먹고 손에 들었을 때 금방 기분이 밝아지는 느낌이 들거나 순간적으로 '이 지갑, 왠지 금전운이 좋을 거 같아!'라고 느껴지는 것, 그 지갑 안에 돈다발이 빽빽하게 들어 있는 모습이 상상되는 것, '이 지갑이라면 소중하게 쓸 수 있을 거 같아.'라고 생각되는 것을 사면 틀림없이 그렇게 된다!

●● 디자인이나 모양에서 위엄과 광채, 고급스러운 느낌이 나는

지갑은 금전운을 타고났다.

- 예를 들어 고급 브랜드의 제품이라면 그 지갑 자체가 품절이 속출할 정도의 인기 상품이나 기대의 신작, 신작 발표를 한 순간 각종 잡지에서 앞 다투어 소개를 한 제품은 상당히 급격한 금전운 상승을 기대할 수 있는 좋은 지갑이다.

- 마음에 드는 브랜드의 간판 디자인으로 오랫동안 사랑받는 지갑은 지속적으로 안정된 수입과 금전운을 보장한다.

- 파란색이나 빨간색 지갑은 되도록 피하도록 한다. 파란색 지갑을 쓰면 낭비나 필요 이상의 충동구매로 돈이 빠져나가게 되는 경향이 있기 때문에 지갑 속에 돈이 들어 있어도 금방 곁을 떠나게 된다. 또 빨간색 지갑을 쓰면 병원 치료비나 약값, 관혼상제의 부조금, 남을 위해 쓰는 것 같은 느낌이 드는 불만족스러운 상황, 긴급 사태로 어쩔 수 없이 돈이 나가게 되는 일이 왠지 모르게 늘어난다. 그래도 빨간색이나 파란색이 너무 좋아 꼭 가지고 싶을 때는 지갑의 지폐를 넣는 곳에 1만원 지폐 크기로 자른 금종이를 넣어 두면 예기치 못한 일로 갑자기 많은 돈이 빠져나가는 일을 막아 준다.

●● 디자인이나 색, 가격은 모두 마음에 드는데 왠지 쓰기가 불편할 것 같아 조금 망설여지는 지갑은 사지 않는다. 그런 지갑은 사더라도 쓰면서 매일 불만을 느끼게 되기 때문에 금전운이 막힌다.

●● 새 지갑을 사기로 결심했으면 좋은 일이 있었던 날이나 기쁜 일이 일어난 날에 사러 가면 좋다! 안 좋은 일이 있었던 날이나 기분이 나쁜 날은 절대로 피해야 한다. 지갑을 살 때 부정적인 파동을 가지고 있어서는 결코 안 된다.

●● 너무나 좋아하는 고급 인기 브랜드의 지갑을 사러 매장에 갔다면 그때의 상황에 따라 그날 지갑을 살지 말지 결정한다. 예를 들어 한참 동안 여러분을 기다리게 했거나, 상대해 주지 않거나, 애교가 없고 불쾌한 점원을 만나 기분이 상했다면 그날 그곳에서 그 점원에게는 사지 않도록 한다. 같은 브랜드의 다른 매장으로 가든가, 그 매장밖에 없다면 다른 날 다시 온다. 지갑을 사러 갔을 때 밝은 기분이나 두근거리는 마음, 행복한 감정, 그 지갑을 가진다는 고양감, 풍요로운 마음이 없으면 절대로 좋은 부기(富氣)가 따라오지 않는다.

자신과 지갑 사이를 좋은 파장으로 연결하고 발전적이며 우호적인 분위기 속에서 금전운을 불러오는 것이 중요하다.

●● 지갑을 새로 마련할 때는 반드시 전보다(지금 가지고 있는 지갑보다) 조금이라도 값이 비싼 것을 사도록 한다. 그러면 그 지갑의 가격에 비례해 금전운이 상승할 것이다! 그러므로 전보다(지금 가지고 있는 지갑보다) 싼 것이나 질이 떨어지는 것은 사지 않는다.

지갑을 새로 마련했을 때
해두면 좋은 개운 활동

●● 지갑을 사 왔으면 그날 밤에 개운(開運, 운수가 트이기 시작하는 시기) 활동으로 창호지나 흰 종이를 가로세로 12센티미터의 크기로 잘라 종이 한가운데에 굵은 소금을 놓고(작은 티스푼 하나 정도면 적당하다) 약봉지를 접듯이 접어 지폐를 넣는 곳에 넣어 둔다. 그리고 그날이 지나기 전에 새 지갑에 지폐와 동전을 넣어 둔다(굵은 소금을 싼 종이는 7일 동안 지갑에 넣어 두었다가 7일이 지나면 세면기에 버린다). 이는 '돈다발을 불러오는 법'이라는 금전운 상승을 위한 개운 활동이다.

●● 새로 마련한 지갑에는 되도록 돈을 많이 넣도록 한다(일시적으로 큰돈을 넣어 두기만 하면 된다. 다음날 바로 통장에 입금해도 된다). 새

지갑은 처음에 들어온 돈의 양(금액)의 에너지를 빨아들이므로 그때 넣을 수 있는 최대 금액을 넣어서 지갑이 그 에너지를 빨아들이게 만들면 되는 것이다. 그러면 '돈다발'이라는 친구를 불러오는 힘이 커진다.

"지갑을 바꾸면 좋다는 말을 들어서 새로 바꿨는데 금전운이 조금도 나아지지 않았어요."라고 불만을 털어놓는 사람들이 흔히 있는데, 그들은 새 지갑을 사서 돈이 없다는 이유로 처음에 만원밖에 넣지 않거나 평소보다 적은 돈을 넣는 일이 많다. 그러므로 새로 마련한 지갑은 처음 빨아들이는 에너지의 크기가 중요하다는 사실을 기억해 두자.

●● 지갑에 돈을 넣을 때는 지폐의 방향을 똑같이 해서 종류별로 정리해 넣는 것을 습관화한다. 1만원 지폐 사이에 1000원 지폐가 끼어 있거나 지폐와 지폐 사이에 꾸깃꾸깃 접힌 영수증이 잔뜩 끼어 있으면 금전운은 단숨에 엉클어지게 된다. 그러므로 지갑 안을 언제나 깔끔하게 정리해서 돈이 기분 좋게 있을 수 있도록, 나아가서는 돈이 친구들(돈다발)을 데리고 오기에 부끄럽지 않을 공간이 되도록 만드는 것이 중요하다.

마음에 드는 은행과 거래한다

**좋아하는 은행의 파동이 좋은
지점에서 계좌를 만들어 예금한다**

금전운이 있는 은행에 구좌를 만들어 돈을 맡겼다가 찾는 식으로 순환시키면 돈의 좋은 파동이 여러분에게 행운을 가져온다.

금전운이 있는 은행에는 금전운이 있는 손님도 많은 돈을 예금하기 때문에 그 은행에서 돈을 맡기거나 되찾는 과정에서 그런 금전운이 있는 부자가 가지고 있던 돈이 돌고 돌아(현금 인출기나 창구에서) 여러분에게 오게 된다. 그리고 그런 돈이 여러분의 지갑이나 구좌에 들어가면 지갑에 든 구좌에든 금전운이 생겨서 돈의 흐름이 원활해지며 비약적으로 증가한다. 금전운이 있는 은행을 이용하기 시작하면 갑자기 돈에 대한 관심이 이유 없이 긍정적이 되며, 재테크에 흥미가 생겨 적립식 적금이나 정기 예금, 주식 투자를 시작하고 싶어진다. 그리고 평소 생활에서도 가계부를 써서 돈을 제대로 관리하려는 마음이 싹튼다.

어차피 이용할 것이라면 이런 행복한 금전운이 있는 은행을 이용하도록 하자. 금전운이 있는 은행은 부기로 가득하기 때문에 금방 알 수 있다. 그렇다면 '금전운이 있는 은행'의 특징은 어떨까?

●● 외관(건물)이나 은행 내부가 깔끔하다!

구석구석 청소가 잘 돼 있으며, 창문도 투명하게 잘 닦여 있어 점내의 활기 넘치는 모습이 밖에서도 잘 보인다. 입구 근처에는 먼지나 쓰레기 하나 없으며, 건물에서는 금전운을 발산하는 좋은 분위기의 위엄과 차분한 느낌, 편안한 긴장감이 느껴져 편안한 마음으로 들어오고 나갈 수 있다.

●● 점내가 밝고 활기에 차 있다.

또는 조용하게 흐르는 편안한 분위기나 풍요로움으로 가득 차 있기 때문에 몇 분 동안 기다리더라도 그다지 짜증이 나지 않으며 마음이 편하다. 소파도 충분히 배치되어 있고, 소파 옆에는 경제생활에 도움을 주는 전문지나 유행잡지 최신호가 놓여 있다. 금융 상품 안내서가 꽂혀 있는 선반에는 언제나 필요한 자료가 찾기 쉽게 정리되어 있다.

●● 점내 안내원이나 손님을 부르는 은행원의 목소리가 듣기 좋으며 맺고 끊음이 뚜렷해 잘 들린다. 또 손님을 대할 때 예절이 바르고 웃음을 잃지 않아 기분이 좋아지는 아름다운 사람이 많다.

●● 손님들을 살펴봤을 때 분위기로도 부자임을 알 수 있는 사람이 많으며, 깔끔하게 정장을 차려입은 비즈니스맨이나 패션 감각이 좋은 여성이 많다. 그리고 손님들의 얼굴이 무겁지 않고 굉장히 밝다.

●● 손님이 많아도 은행원이 빠르고 경쾌하게 일을 하며, 솜씨 좋게 손님을 상대해 일을 처리한다.

이런 지점을 이용하는 손님 중에는 일이나 금전 문제가 원활한 사람이나 부유한 사람, 풍요로운 파동의 소유자가 많으며, 그런 사람의 손을 거쳐 은행에 들어온 돈에는 좋은 에너지와 금전운이 담겨 있다. 그러므로 이런 은행을 들어왔다 나가는 돈은 좋은 순환을 하기 때문에 예금 계좌를 개설하면 순조롭게 예금을 계속하게 되어 자기도 모르는 사이에 큰돈을 저금하게 된다.

반대로 금전운이 없는 은행에 돈을 맡기면 좀처럼 금전운이 붙지 않는다는 느낌을 받게 된다. 예를 들어 정기 예금을 들어도 금방 긴급 사태가 발생해 해약해 버릴 수밖에 없게 되거나 저금을 계속할 수 없는 어떤 사정이 생겨 좀처럼 돈이 모이지 않는다. 이런 '금전운이 없는 은행의 특징'은 대충 이런 식이다.

- ●● 외관이나 건물이 지저분하다. 창문이 뿌옇게 흐려서 건너편이 잘 보이지 않는다. 그리고 건물을 밖에서 봤을 때(안으로 들어가도 마찬가지지만) 풍기는 '기운'이 왠지 탁하고 어둡다.

- ●● 은행원은 축 처진 느낌이며 목소리에도 힘이 없고 무뚝뚝하다. 활기는 없으면서도 바쁘게 부산을 떨며 차분하지 못하다. 그리고 창구에서 벗어나 있을 때가 많으며, 일이 있어서 불러도 좀처럼 안에서 나오지 않는다. 손님도 별로 없지만

한가한 데 비해서는 대응이 늦고 요령이 부족하며 손님을 필요 이상으로 기다리게 만든다.

- ●● 뭔가 알고 싶어 질문을 해도 은행원도 모를 때가 많다. 그래서 상사에게 물어보러 가지만, 한참 지나 그 상사가 창구에 와도 예의 없는 태도를 보이거나 깜짝 놀랄 정도로 무책임한 말을 하며 자신도 모른다는 사실을 감추려 한다.
- ●● 현금 인출기나 창구에 있는 손님들의 표정이 어둡다.

예전에 내가 은행원이었을 때 본점의 본부에 있었는데, 본부에서는 각 지점의 모든 수치를 알 수 있었다. 그중에 각 지점의 예금액 유치 자료도 있었는데, 가장 많은 금액을 유치한 지점은 역시 은행 안이 깨끗하고 뛰어난 사람이 많으며 클레임도 적었다. 그러나 유치 금액이 적은 지점은 활기가 없고 동료 사이의 의사소통도 나빴으며 여러 가지 문제와 클레임이 본부로 들어오는 일이 많았다.

예금액이 많다는 것은 그만큼 그 지점에 자신의 소중한 돈을 맡기는 손님이 많다는 뜻이며, 많은 돈을 가지고 있는 손님이 많다는 뜻이기도 하다. 반대로 예금액이 적거나 적자 경영을 하는 지점은 그곳에 돈을 맡기고 싶어 하는 손님이 적다는 뜻이기도 하며, 거액을 예금하는 손님이 적다고도 할 수 있다. 이처럼 은행에 따라, 또 같은 은행에서도 지점에 따라 금전운이 있는 곳과 없는 곳에는 여러 가지 차이가 눈에 보인다. 소중한 돈을 순환시키는 곳이기 때문에 더욱 자신이 이용할 은행을 신중하게 고를 필요성이 있는 것이다.

참고로 내가 구좌를 개설한 은행은 재벌계 은행의 한 지점이다. 상당히 규모가 큰 곳인데, 지점들 중에서도 가장 비싼 땅 위에 서 있고 환경이 좋으며 차분한 분위기 속에서도 밝고 활기가 넘치는 은행이며 지점이다. 여기에서 구좌를 개설해 보통 예금과 정기 예금, 적립 적금을 시작한 뒤로는 임시 수입이 늘어났고, 그때마다 저금을 했기 때문에 저금 액수가 예정한 금액보다 계속해서 늘어 갔다. 또 그런 식으로 자주 은행에 갔기 때문에 은행원들이 금융 정보를 자세하게 알려 줬으며, 이자가 올라가는 일정을 미리 말해주고 필요에 따른 금융 상품이나 주식, 투자 신탁에 대해서도 시간을 들여 자세하게 가르쳐 줬다.

금전운이 있는 은행은 부기가 가득하기 때문에 그곳에 모이는 모든 것들을 더욱 풍요롭게 만든다.

풍족한 생활을 상상한다

> 멋진 옷을 입고 좋은 집에 살며
> 즐거운 친구들이 가득한 인생을 산다

솔직하게 말하면 내게 가장 효과적이었던 것은 부자가 되는 법칙도 아니고, 재테크 전문 서적도 아니라 풍요롭고 행복한 인생을 보내는 내 모습을 상상하는 일이었다.

이 상상의 힘이 가진 효력은 너무나 대단하다. 계속해서 마음속으로 영상을 그리면 뇌는 현실과 상상을 구별하지 못하게 되어 실제로 그런 상태가 실현되도록 작용하는 것이다. 특히 자신이 바라는 것을 마음속으로 그릴 때 감정을 불어넣고 고양된 감정과 현장감 넘치는 기분을 주입하면 그로부터 얼마 후 그 바람이 이루어진다.

모든 일은 처음에 무언가를 생각 속에서 그리는 것부터

시작된다. 그리고 거기에 감정이 들어가고 아이디어와 영감이 번쩍이며 그것을 이루는 계기가 되는 사건이나 인물과 만남으로써 자연스럽게 그 방향으로 인도된다. 그리고 문득 정신을 차려 보면 현실이 되어 있는 것이다.

사람은 이루고 싶은 바를 먼저 자신의 마음속에서 보지 않고는 아무 것도 손에 넣을 수 없다. 알지 못하는 것을 손에 넣을 수는 없기 때문이다. 그러나 눈에 보인 것은 붙잡을 수 있다. 나는 부자가 어떻게 해서 그렇게 될 수 있었는지를 몰랐던 시절부터 부자가 되면 이렇게 생활할 것이라는 비전을 가지고 있었다. 사실 비전이라고 할 만큼 대단한 것도 아니었다. '부자가 되면 꼭 이런 집에 이런 인테리어를 하고 이런 식으로 살겠지.'라고 머릿속에 그리며 히죽히죽 웃었을 뿐이니까. 돈도 필요 없고 노력도 필요 없으며 힘들지도 괴롭지도 않았다. 오히려 그런 일이 정말로 일어나면 좋겠다고 생각하는 것만으로도 흥분이 되었다. 전철 안에서든, 침대 속에서든, 또는 사무실에서든 순식간에 그 상상 속으로 빠져들어 실컷 놀 수 있었다. 영웅 나폴레옹도 "상상은 세계를 정복한다(상상을 정복하는 자는 세계도 정복할 수 있다)."라는 말을 남겼을 정도니, 이 상상력의 영향력은 가히 상상도 할 수 없을 만큼 크다고 할 수 있다.

부자가 되고 싶다면 그 상상력을 발휘해보자. 부자가 된 여러분이 어떤 생활을 하고 있는지 자신의 마음속에서 영상화해 영화를 보듯이 관람하기 바란다. 어떤 양복을 입고 어떤 집에서 살며 어떤 인테리어가 있고 어떤 생활을 하고 있는가? 또 어떤 사람들에게 둘러싸여 어떤 표정으로 무슨 이야기를 하고 있는가? 오늘의 식사는 무엇이며 어디에서 했는가? 일류 호텔에서 프랑스 요리를 먹었는가? 아니면 집에 전속 요리사가 있어서 홈 파티를 열어 배불리 먹었는가? 친구들은 모두 성공한 부자들인가? 그중에는 전부터 동경하던 유명 인사나 위인도 있는가? 내일은 주문한 드레스가 완성되어 도착할 예정인가? 부탁한 핑크 다이아몬드가 보석상에 입고되었다는 연락이 왔는가?

나는 돈을 버는 방법보다는 오히려 이렇게 결과적으로 얻은 행복과 부유함에 상상력과 감정을 집중했는데, 그것이 지금은 현실의 모습으로 실현되었다. 당시는 어떻게 해야 그런 풍족한 생활을 할 수 있을지 몰랐는데, 그런 모습만 상상하며 즐겁게 놀다가 정신을 차려 보니 실제로 그렇게 된 것이다. 그 상상이 현실이 되기까지는 상상도 못했던 방법과 방식도 필요했지만.

상상력의 힘(잠재의식의 힘)은 여러분이 현재 의식 속에서는 전혀 모르는 것도 잘 알고 있기 때문에 그것을 가장 간단하게 이룰 수 있도록 해준다. 그것은 평소에 너무나 자연스럽게 이행되기 때문에 자신은 특별히 아무런 행동도 하지 않았는데 어떻게 이런 꿈같은 일이 일어나는가 하고 놀랄 뿐이다. 그러므로 부자가 되고 싶다면 부자가 된 뒤에 어떻게 살지를 먼저 마음속으로 그려보기 바란다. 그러면 반드시 이루어질 것이다. 반대로 평생토록 돈과 인연이 없고 가난한 생활에서 빠져나오지 못하는 사람 역시 그런 머리와 가슴 속에 그런 나쁜 상상만 가득하기 때문에 그 상상이 현실이 된 것일 뿐이다.

어차피 상상에 에너지를 쏟을 것이라면 현실이 되면 곤란한 상상이 아니라 꼭 그렇게 됐으면 하고 바라는 행복한 상상을 하자!

금전운의 신을 내 편으로 만든다

돈과 행운을 가져다주는
오추사마명왕의 은덕을 받는다

부자가 되는 것과 관계가 있는 아주 중요한 비결 중 하나로 꼭 이 책을 통해 알리고 싶은 것이 바로 화장실에 얽힌 신기한 금전운 상승 이야기다. 정확히는 화장실이 아니라 그곳을 지켜주는 신에 대한 이야기라고 하는 편이 옳을지도 모르겠다. 여러분도 '화장실을 깨끗이 하면 좋은 일이 생긴다.'라든가 '화장실 청소를 하면 돈이 들어온다.' 같은 이야기를 다른 사람한테 한 번쯤은 들었거나 책에서 읽어봤을 것이다. 그런데 신기한 사실은 실제로 거의 그렇게 된다는 것이다!

내 인생이 밑바닥에서 치고 올라가 돈과 기회, 사람, 성공을 한꺼번에 손에 넣기 시작한 것도 화장실 청소를 철저히 하기 시작한 무렵과 딱 일치한다. 당시 인생이 잘 풀리지 않는 것과 돈에 대한 걱정이 끊이지 않는 것을 고민하던 나는 마음을 가라앉히고 무엇인가 좋은 변화와 깨달음을 얻고 싶어 어머니가 잠들어 계신 절을 찾아갔다. 그리고 평소처럼 절의 본당에 있는 본존불 앞에서 경을 읊고는 주지 스님의 이야기를 들으려 했는데, 그날따라 왠지 오랫동안 이야기를 듣고 싶어서 그 전에 미리 일을 보려고 화장실에 갔다. 그런데 그 화장실 벽에는 '오추사마명왕(烏芻沙摩明王; 더러운 것을 없애 주는 명왕(明王)-역주)'의 모습을 그린 부적과 진언(眞言; 신에게 기원하는 글)이 붙어 있었다. 그 모습이 굉장히 신경이 쓰인 나는 일을 본 뒤 본당으로 돌아가 주지 스님에게 "화장실에 붙어 있는 '오추사마명왕'은 화장실의 신인가요?"라고 물었다. 그러자 주지 스님은 이렇게 말씀하셨다.

"네, 그렇습니다. 너무나 고마우신 분이죠. 우리들에게 여러 가지 '복덕과 재산'을 주시는 신이십니다.
사실 어느 집을 가도 그 집을 지켜주는 신이 각 방마다 있는데, 화장실의 신이신 오추사마명왕님은 굉장히 대범하고 여유로우며 친절한 신이시죠. 그래서 우리들의 집을 지켜주시러 하늘에서 내려오실 때 엄청난 금은보화와 복덕을 준비하셔서, 우리 모두에게 좋은 선물을 많이 주고 싶다는 넉넉한 마음으로 그것들을 안고 오셨답니다. 그래서 오추사마명왕님이 계시는 그 화장실이라는 곳을 깨끗하게 청소해 감사를 드리면 명왕님은 기뻐하시며 '오오, 고맙네.'라고 말씀하시고 그곳을 깨끗하게 만들어 머물기 편하게 만들어 준 답례로 보물을 가득 주십니다.

흔히 화장실을 깨끗이 하면 돈이 들어온다거나 좋은 일이 생긴다고 하지 않습니까? 그건 다 이런 이유가 있기 때문이지요.

한번 생각해 보십시오. 우리 인간은 밥을 먹을 때는 부엌에서 즐겁게 웃으며 "잘 먹겠습니다."라고 말하면서, 화장실에 가서 자신이 먹은 것을 내보낼 때는 얼굴을 찌푸리고 아무 말 없이 조용히 일을 보지요. 참으로 너무한 일이 아닙니까?(웃음) 다른 방의 신한테는 웃는 표정을 보여주면서 화장실은 더러운 것을 대하듯이 싫어하고 웃음도 띠지 않다니요. 이건 그곳을 지켜주시는 신에게 해야 할 도리가 아닙니다. 만약 먹은 것을 내버릴 곳이 없다면, 아무도 받아주지 않는다면 어떻게 하시겠습니까? 참으로 난처하겠지요? 그렇게 생각하면 화장실이라는 장소는 너무나 고마운 곳이지요. 그렇게 냄새나는 인간의 오물을 받아주는 없어서는 안 될 곳이니까, 그곳을 지켜주시는 신이 언제나 기분 좋게 계실 수 있도록 깨끗하게 청소하는 것이 우리들 인간이 해야 할 일이지요.

화장실을 깨끗이 청소하시면, 그러니까 그 장소를 정화하고 미화하시면 신이 계시는 곳을 깨끗이 하는 것이기도 하니까 아주 좋은 일을 하시게 되는 겁니다."

그러고 보니 그 전에도 어떤 비구니에게 비슷한 말을 들은 기억이 났다. 그 비구니는 이렇게 말했다.

"가난에서 벗어나 부자가 되고 싶으시다면 집에 있는 화장실을 철저하게 청소해 보십시오. 그런 부정한 장소를 정화하면 자신의 더러워진 마음과 잘못된 생각도 정화되고 고쳐져 좋은 방향으로 나아가시게 될 겁니다. 화장실에는 위대한 힘을 가진 신이 계십니다. 열심히 정화하시면 바로 이익을 보실 겁니다."

그리고 주지 스님은 계속해서 이렇게 말씀하셨다.

"가족들이 모두 사이좋고 풍요롭게 사는 집이나 돈 걱정을 안 하는 집, 흔히들 말하는 부잣집은 '반드시'라고 해도 좋을 정도로 화장실이 깨끗하게 청소되어 있어 보기에도 좋습니다. 다음에 다른 분의 집에 놀러 가시게 되면 한번 화장실을 주의 깊게 살펴보십시오. 돈 걱정이 많은 분의 집은 화장실이 청소가 안 되어 있어서 지저분하고 이상한 냄새가 날 겁니다.

저는 법요(法要, 부처님의 진리를 전파하는 일)를 할 때마다 많은 분들의 집을 찾아가게 되는데, 화장실만 보면 그 집의 주인이 어떻게 생활하고 인생이 잘 풀리고 있는지 아닌지 알 수 있습니다. 그 집의 안주인께서 매일 화장실 청소를 하는 분이거나 화장실은 물론이고 다른 방도 청소하기를 좋아하시는 분이시면 다음에 찾아뵈었을 때 좋은 소식을 들을 수 있습니다. 크고 멋진 집을 새로 지으셨거나 하시는 장사가 잘되거나 집안에서 웃음이 떠나가지 않지요. 참 신기한 일이 아닙니까?"

그래서 나는 그날부터 화장실 청소를 철저히 하게 되었는데, 그 무렵부터 여러 가지 주변 상황이 호전되고 돈이 잘 융통되기 시작했다고 생각한다. 그리고 지금은 매일 하루에 한 번이 아니라 일을 볼 때마다 화장실을 청소하는데, 이 때문에 지금의 행복이 계속되고 있는지도 모른다.

돈과 행복이 찾아오게 만드는
화장실 청소의 요령

●● 화장실을 쓸 때마다 자신의 불결한 것을 처리해준다는 사실에 감사한다.

●● 화장실이라는 장소와 함께 자기 자신도 정화한다는 마음으로 청소를 한다.

●● "고맙습니다.", "감사합니다."라고 중얼거리면서 청소를 한다(마음속으로 해도 되고 말로 해도 된다). 그러면 가까운 시일 안에 감사하고 싶어지는 좋은 일이 일어난다. 게다가 좋은 일이 자주 일어나게 된다.

●● 싫은데 억지로 하는 것이 아니라 즐거운 마음으로 청소한다. 신을 즐겁게 해주고 있다고 생각하라!

정말 신기하고 거짓말 같은 이야기지만, 화장실 청소를 하면 왠지 돈을 잘 융통할 수 있게 되고 정말로 필요할 때 돈이 들어와 깜짝 놀라게 된다. '이건 분명히 신이 도우신 거야.'라고 감동할 수밖에 없을 정도의 상황이 벌어지기 때문에 자기도 모르게 두 손을 모아 감사의 기도를 하고 싶어질 것이다. 또 좋지 않은 일이 계속될 때는 그때까지보다 겸허한 마음으로 철저히 화장실 청소를 해보면 금방 도움의 손길이 오고 빠르게 운세가 회복되기 시작한다.

"그런 이기적인 마음으로(예를 들면 좋은 일이 일어나기를 바라고) 화장실 청소를 해도 되나요? 그래도 좋은 일이 생기나요?"라는 질문을 자주 듣는데, 어쨌든 그렇게 해서 여러분이 즐거운 마음으로 청소를 할 수 있다면 그것으로 충분하니 걱정할 필요는 없다. 그리고 그런 사람들도 화장실 청소를 하다 보면 자연스럽게 겸허한 마음이 되어 앞장서서 화장실 청소를 하고 싶어지며 진정으로 감사할 수 있게 되기 때문에 자신도 그러한 내적인 변화에 깜짝 놀라게 될 것이다. 계기야 어떻든 실제로 해봐야 느낄 수 있고 그에 따른 변화도 일어나는 것이다.

그리고 화장실 청소와 맞먹을 정도로 중요한 일이 또 하나 있다. 변기 뚜껑을 항상 제대로 덮어 놓는 일이다. 화장실 뚜껑을 그냥 열린 상태로 놓아두어서는 안 된다. 그렇게 하면 악취가 퍼지게 되어 운세를 떨어뜨린다. 게다가 오물을 흘려보내는 장소를 그곳에 앉아 있는 신이 계속 볼 수밖에 없게 만드는 것은 큰 실례가 아닌가?

그리고 돈이 없는 사람들 중에는 자기 집에서든 다른 사람의 집에서든 공중 화장실에서든 일을 본 다음에 뚜껑을 절대 덮지 않고 올린 채로 놔두는 사람이 많다. 화장실에 들어가면 처음부터 뚜껑이 열려 있는 채였다고 해도 일을 본 다음에 꼭 뚜껑을 덮고 나오기 바란다. 화장실 뚜껑을 덮지 않으면 돈이 여러분의 곁에 머물지 않으며, 부득이하게 돈이 나가는 일도 자꾸 생긴다.

또 파동의 관점에서 봐도 좋은 향기는 운세를 좋게 만들며 악취는 운세를 나쁘게 만든다. 화장실을 깨끗하게 정화하고 미화한 다음에는 항균·탈취제나 은은한 냄새가 나는 방향제를 이용하는 것도 좋다(다만 코가 아플 정도나 위화감을 느낄 정도로 많이 사용해서는 안 된다). 그리고 파동의 관점에서 한 가지 더 말하자면, 더러운 것이나 냄새나는 것은 저급 파동과 밀접한 관련이 있다. 저급 파동이란 좋지 않은 생각이나 기운, 부정적인 에너지를 뜻하는데, 저급 파동은 발생하자마자 순식간에 운세를 떨어뜨리고 좋지 않은 일을 불러온다. 그러므로 화장실뿐만 아니라 각 방도 깨끗하게 청소해 청결을 유지하고 정화시키며 언제나 신선한 바람이 통하도록 환기를 시켜 나쁜 냄새와 공기가 머물지 않도록 함으로써 좋은 파동이 발생하게 만들자.

부기를 만끽하러 간다

일류 호텔과 고급 브랜드숍,
호화 보석상에서 풍요를 느낀다

  앞부분에서 소개했듯이 부자가 된 자신의 모습을 상상할 때, 실제로 부자들의 기분을 맛볼 수 있는 장소에 가서 부유한 느낌을 만끽하면 크게 도움이 된다. 실제로 느껴봐야 알 수 있거나 상상할 수 있는 것이 많다. 그리고 그런 일류 호텔이나 고급 브랜드숍, 호화 보석상에 실제로 가보고 처음으로 알게 된 것이 있는데, 자신이 그런 곳에 어울리는 사람이라고 생각되지 않을 때나 부자가 될 준비가 되어 있지 않을 때, 지갑 안의 내용물에만 신경이 쓰일 때는 그런 곳에 있기가 거북하고 뭐라 말할 수 없는 거부감과 저항감이 느껴져 숨쉬기도 거북하며 오래 있지 못한다. 게다가 그곳 직원이 말이라도 걸면 뛰쳐나가고 싶은 심정이 될 것이다. 그러나 반대로 부자들의 생활을 갈망하고 그런 것과 접촉하는 것이 너무나 기쁘거나 부자가 될 각오가 되어 있다면, 또는 그런 곳이 자신에게 어울린다고 생각한다면 그곳이 너무나 편안하고 자신에게 딱 어울리는 곳으로 생각되며 그곳에 있는 것이 행복하고 당연하게 여겨진다.

사실은 그 사람의 지갑에 얼마가 들어 있느냐가 문제가 아니라 그런 풍요로움이나 부자들은 당연하게 접하는 상황이 자신에게 편안하게 느껴지느냐 아니냐의 문제인 것이다. 그것을 느끼기 위해 실제로 그런 곳에 가 보면 여러 가지를 발견할 수 있어 재미있다. 나는 지갑에 돈 한 푼 넣고 다니지 못하던 시절부터 왠지 고급스러운 느낌이 넘치는 장소나 부자들이 모이는 곳을 굉장히 좋아했다. 그런 풍요로운 곳이나 고급스럽고 사치스러운 곳에서 편안함과 행복을 느끼는 사람은 언젠가 실제로 그곳을 자주 이용하게 될 것이며, 그렇지 못한 사람은 그런 곳과 거리가 멀어질 것이다. 사람은 자신이 좋은 인상으로 받아들인 것만을 자신의 인생에 초대할 수 있으며 손에 넣을 수 있기 때문이다.

여러분은 자신이 만들어낸
분위기에 따라 현상을 만든다

부자들이 모이는 장소나 가게에 갔을 때 그곳의 직원이 아주 친절하고 정중하며 존중하는 태도로 여러분을 맞이했다면(무엇인가 살지 안 살지는 둘째 치고) 여러분은 그곳에 어울리는 분위기를 충분히 풍기고 있는 것이다. 여러분의 지갑이 두둑하냐 아니냐의 문제와는 상관없이 여러분은 조만간 다양한 부를 손에 넣게 될 것이다. 만약 그 직원이 여러분을 허술하게 대하거나 존중하지 않는 느낌을 준다면 그것은 여러분의 마음속에 있는 불안과 반발, 망설임을 상대가 눈치 챈 것이다. 그곳에 어울리지 않는 분위기를 풍기기 때문인지도 모른다.

사람은 분위기를 통해 상대방에게 자신을 어떻게 대우해야 할지 가르쳐 준다. 자신이 존중을 받으며 정중하고 소중하게 대접을 받아 마땅하다는 당당한 마음과 태도로 있기만 해도 사람들은 여러분에게 경의를 표할 것이다. 그러나 바보 취급을 당하면 어쩌나 하는 불안에 동요하며 스스로도 여기는 자신이 있을 곳이 아니라고 느낀다면 여러분의 마음의 소리에 대한 반응이 실제로 일어난다. 다른 사람이 자신을 어떻게 대할까를 생각하기 이전에 자신이 어떤 대우를 받아야 마땅한 사람인지 스스로를 존중하며 분명히 머릿속에 그려 놓자. 그것이 좋은 대우를 받는 비결이다.

참고로 세상에는 부자라는 인상을 주기만 해도 유익한 정보와 특별한 대우를 받을 수 있는 일이 많다. 그러니 자신이 그런 대우를 받을 수 있도록 분위기를 만들어보면 어떨까? 감격스러울 정도로 좋은 일이 찾아오기 때문에 다음 전개가 기대되어 두근거리고 즐거울 것이다.

Affluent & Happy Column

금전운이 좋아지는 돈 사용법

평소에 돈을 소중히 다루고 다음과 같은 것에도 돈을 잘 쓸 수 있게 되면 여러분은 앞으로 계속 돈과 운의 보호를 받게 될 것이다.

●● 자신의 취미나 흥미, 공부, 성장, 즐거움, 행복으로 이어지는 일에 돈을 쓴다.

예를 들어 나는 옛날부터 책 읽기를 좋아했기 때문에 일단 흥미가 있거나 읽어보고 싶으면 장르와 금액을 불문하고 기쁜 마음으로 책을 사 읽었다. 실령 다른 지출을 줄이는 한이 있더라도 그 책을 사기 위해 필요한 돈을 마련한 것이다. 지금도 내 용돈은 대부분 책값과 옷값으로 지출되지만.(웃음) 결국 이러한 행복감과 만족감이 있는 자기 투자가 현재 작가로 살고 있는 나라는 사람과 인생을 만들었으며, 결과적으로 이 일을 하며 돈을 벌고 있다는 것은 그 투자가 현재 이익을 낳고 있는 셈이 된다. 그러므로 여러분도 자기 투자에 돈을 써서 투자한 분야에서 돈을 벌어보기 바란다.

●● 소중한 누군가를 위해 마음을 담은 선물을 한다.

누군가를 위해 무엇인가를 선물하는 사랑스러운 행위는 고차원적인 에너지이기 때문에 그 사람이나 사건을 통해 더욱 좋은 관계가 되며 새로운 행운과 기회가 찾아오는 일이 많다.

이기적인 생각이나 계산이 없이 다른 사람을 위한 순수하고 풍요로운 행동은 나와 상대방의 에너지 수준을 끌어올려 상황을 호전시킨다. 또 남을 위해 돈을 써서 무엇인가 좋은 행동을 했을 때 설사 상대방에게 아무런 보답을 받지 못하더라도 언젠가는 반드시 돌고 돌아 그 사람이 아닌 다른 사람을 통해서라도 자신에게 풍요롭고 좋은 일이 되돌아온다.

●● 기부나 기증, 사회봉사, 또는 무엇인가에 감사하는 데 돈을 쓴다.

예를 들면 자신과는 아무런 관계도 없는 사람이나 상황, 사회에 봉사하는 데 돈을 쓴 적이 있는 사람은 커다란 덕을 쌓은 것이며 행운을 확실히 손에 넣게 된다.

만약 자신에게 어떤 곤란한 일이 생기면 반드시 어딘가에서 도움을 받거나 어려움 없이 일을 처리할 수 있거나 일이 잘 풀리게 되는 등 결국 자신이 행한 덕의 보답을 좋은 형태로 받게 된다.

●● 목적이 있는 저금을 한다.

　돈은 에너지이기 때문에 순환시켜야 한다고 했지만, 그렇다고 해서 한 푼도 남김없이 뱉어낼 필요는 없다. 자신의 수중에 남겨 놓고 소중히 불리고 싶은 돈은 전용 저금통장을 만들어 보관하자. 저금을 할 때 주의해야 할 점은 반드시 행복한 일에 쓸 목적으로 저금을 하라는 것이다. 예를 들어 노는 데 쓰고 싶다면 유흥 전용으로, 공부나 성장을 위해 쓰고 싶다면 공부와 성장 전용으로 저금을 한다. 그러면 돈을 저금할 때 기쁨과 행복, 충실감을 느낄 수 있으며, 계획한 일을 그 돈으로 즐길 수 있게 된다. 다만 '혹시 무슨 일이 생기면 이 돈을 쓰자.'와 같이 미래에 대한 두려움 속에서 저금을 하거나, '병에 걸리거나 다치면 돈이 필요하니 그때를 대비해 저금을 하자.'와 같은 목적이 짙은 저금을 해서는 결코 안 된다. 목적은 이루어지는 방향으로 움직이는 성질이 있기 때문에 현실이 되면 곤란한 목적을 정해서는 안 되는 것이다.

　그러나 그런 위기의 순간을 대비한 저금이 없으면 왠지 불안하다는 사람도 많은 것이 사실이다. 그럴 때는 '행복 인생 지원 저금'과 같은 식의 이름을 붙여서, 무슨 일이 생기더라도 행복한 인생을 유지할 수 있도록 돕는다는 목적으로 저금을 하자. 그러면 결국은 돈 문제로 고민하지 않아도 되는 행복한 인생을 살 수 있게 될 것이다.

04

영원한 풍요를 위한 '부자의 사고방식'

우아하고 풍요로운 인생을 행복과 함께 실현한다!

AFFLUENT & HAPPY WOMAN

커다란 금액에 친숙해진다

> 큰 숫자와 친해지고 싶다는
> 마음이 큰 돈과 인연을 맺어준다

간사이(關西)에서는 인기 있는 우동집에 가면 대개 주인의 성격이 밝고 호탕해서 이것저것 덤을 많이 주기 때문에 배부르게 먹을 수 있다. 그리고 그런 가게의 주인아저씨는 계산을 할 때 예를 들어 800엔짜리 우동을 먹었다면 꼭 "네, 고맙습니다! 800만 엔입니다!"라고 말한다. 나도 덩달아 신이 나서 "네, 800만 엔이요? 여기 1000만 엔 드릴게요."라고 하면, "네, 1000만 엔이네요. 그럼 여기 거스름돈 200만 엔!"이라며 거스름돈을 준다. 이렇게 큰 숫자를 말하고 들으면 왠지 부자가 된 기분에 빠진다. 이런 점이 간사이가 즐거운 이유일 것이다.

이런 곳에서 자란 나는 어렸을 때부터 큰 숫자를 좋아했다. 그리고 학교를 졸업하고 구한 직장이 은행이었기 때문에 다루는 돈의 액수가 엄청나게 컸는데, 그것이 굉장히 신이 났다. 한번은 어음 교환소에 가게 되었는데, 가방 속에는 수억 엔, 수조 엔짜리 수표와 어음이 잔뜩 들어 있었다. 그리고 교환소에 도착해 다른 은행의 직원들과 어음을 교환하는데, 입에서 수십억 엔, 수조 엔이라는 금액이 오가니 상당히 기분이 좋았다. 이때 나는 큰 액수의 돈이 내게 커다란 고양감을 준다는 사실을 처음으로 깨달았다.

  그런데 세상에는 큰 액수를 두려워하고 불안감을 느껴 피하려 하는 사람도 있다. 돈에 대해 부정적인 인식이 있거나 돈은 나쁜 것이라고 생각하는 사람이 그런 사람들인데, 이것은 돈에 대한 오해에서 비롯된 것이다. 그리고 사실 사람은 자신이 두려워하지 않고 감당할 수 있는 액수만큼만 손에 넣을 수 있게 되어 있다. 두려워하는 것에는 손을 내밀지 않으며, 바라지 않는 것은 자신의 것으로 만들려 하지 않기 때문이다. 그러나 만약 여러분이 부자가 되고 싶다면 돈의 액수에 대한 감각을 지금보다 크게 만들 필요가 있다.

과연 자신이 진정으로 가지고 싶어 하는 돈의 액수가 어느 정도인지 알지 못하는 사람도 많다. 그런 사람은 잠시 종이와 펜을 준비해 과연 자신이 어느 정도의 연수입과 재산을 바라는지 써보기 바란다(진정으로 그 액수를 의식하지 않으면 이렇게 간단한 질문도 좀처럼 시원하게 쓰지 못하기 때문에 자신이 진정으로 벌고 싶은 액수가 어느 정도인지 확인할 수 있다). 예를 들어 "10억원이 되려면 영이 몇 개 필요하지?"라는 질문을 했을 때 바로 대답하지 못하는 사람은 사실 10억원이라는 금액을 정말로 바라지 않거나 남의 일로 생각하는 것이다. 반대로 순식간에 "아홉 개!"라고 대답할 수 있는 사람은 10억대의 돈에 접근할 가능성이 높다. 사람은 아는 만큼 가질 수 있고 실현할 수 있는 것이다.

그러므로 지금보다 부자가 되고 싶다면 평소에 그런 큰 숫자를 쓰고 듣고 상상해 익숙해지도록 만들어보자. 정말 그만큼의 돈을 가지고 있느냐 아니냐는 문제가 아니다. 그리고 한 가지 목표를 실제로 달성하면 다음에 목표로 정한 액수도 실현할 수 있다는 느낌이 들며, 다음 목표를 달성하려는 생각이 더욱 진지하게 샘솟는 것을 알 수 있을 것이다. 또한 그것을 생각보다 빠르게 이룰 수 있게 될 것이다.

돈 생각을 하지 않는다

*돈 생각을 잊으면 오히려
돈이 많이 들어온다!*

 돈이 없어 고민할 때, 어떻게든 돈을 마련하려 할 때, 또는 돈이 될 인맥이나 일거리를 찾고 있을 때는 일단 그런 생각을 완전히 잊는 것이 중요하다. 그것이 위기에서 빠져나오고 돈이 들어오는 기회의 문을 여는 열쇠이기 때문이다.

 돈과 인연이 있는 사람이나 어떤 상황에서도 돈을 잘 마련하는 사람은 오히려 돈 생각을 지나치게 하거나 돈 문제로 괴로워하거나 돈에만 신경을 쓰지 않는다. 돈이 없더라도 무엇인가에 도박을 걸어보려 하거나 한가하게 다른 생각을 하며, 생각나는 것들을 가벼운 마음으로 실천해 나간다. 또 아직 돈 문제가 해결되지 않았는데도 필요한 돈이 반드시 손에 들어올 것이라고 확신하는 듯이 행동을 시작한다. 그러나 그렇게 행동하기 때문에, 돈에 집착하지 않기 때문에 돈 걱정을 하는 사람들보다 훨씬 쉽고 빠르게 많은 지원을 받게 되며 돈이 되는 사건이나 상황을 만나게 된다(정말로 신기한 일이지만, 돈은 인간의 의사나 혼, 상념에 반응하듯이 움직인다). 돈이 없는 것을 원망하고 힘들어하면 돈이 없다는 괴로움을 스스로 각인하는 것과 똑같으며, 결국 자신의 심리 상태에 반응한 현실을 불러오게 된다.

또 돈이 없다는 괴로움은 여러 가지 한계나 결핍감을 상징하며 그 이미지에 따라 더 괴로운 일을 창조할 때도 있기 때문에 일단은 무조건 돈에 대한 괴로운 생각에서 벗어나는 것이 중요하다. 돈에 대한 생각에서 해방되면 예전의 시선을 되찾게 되고 평소와는 다른 영감이 떠오를 수도 있기 때문에 위기에서 벗어날 기회를 만날 가능성도 높아진다.

돈이 없다는 생각을 안 하니 좋은 일이 일어났다는 일화를 몇 가지 소개할까 한다.

돈은 없지만 그래도 할 수 있다고 생각하고 행동하면 길이 열린다!

"돈이 없어도 그런 것에 신경 쓰지 말고 일단 행동을 시작해보세요. 그러면 어떻게든 될 거에요.(웃음)"

예전에 내게 성공의 방법을 가르쳐 줬던 한 여성 억만장자는 내게 이렇게 말했다.

처음에 그 이야기를 들었을 때는 그 말의 의미를 알지 못했다. '무슨 말을 하는 거지? 돈도 없으면서 어떻게 일을 시작하고 성공한단 말이야?'라는 생각도 들었다. 그러나 그분은 내가 "나도 성공해서 부자가 되고 싶다."고 할 때마다 웃으면서 똑같은 말을 해줬다. 그래서 점점 그분의 행동을 보고 따라하게 되었고, 어느새 나도 그렇게 하게 되었다. 그리고 지금은 그 의미를 분명히 이해하게 되었다.

그분은 무엇인가 하려고 마음먹으면 자금을 모으거나 큰돈을 준비하기보다 현재 자신이 할 수 있는 것을 먼저 시작했다. 예를 들어 자신이 생각해낸 일이나 아이디어, 신규 사업을 해보기로 마음먹으면 먼저 그 일과 관련해 머릿속에 떠오르는 사람부터 순서대로 연락을 한다. 재미있는 이야기라며 흥미 있게 들어 주는 사람이나 도움을 줄 것 같은 사람, 함께 행동해줄 사람, 그 일에 대해 박식하거나 그런 누군가를 알고 있는 사람에게 연락을 하거나 만나서 이야기를 나누는 것이다. 그 과정에서는 정말로 돈에 대한 생각은 하나도 하지 않는다. 다만 '이 일을 하고 싶어!', '하자!'라고 생각하고 바쁘게 움직일 뿐이다. 그리고 여기에서 발생한 상황을 바탕으로 다음 단계, 다음 단계로 진행해 나가다 보면 어느새 필요한 돈과 인재, 사건, 기회가 모여들어 일이 실현되는 것이다.

그리고 성공한 사람들은 대부분 그러한 인간관계나 인맥을 바탕으로 일을 확대해나가야 한다는 것을 알고 있으며,

인연이 돈을 불러온다는 것도, 그런 사람을 통해 성공과 돈이 찾아온다는 사실도 알고 있다.

  내가 이 방법을 작은 규모로나마 처음으로 흉내낸 것은 글을 쓰는 일을 하기로(자유기고가가 되기로) 마음먹었을 때였다. 나는 일단 개인인 상태로는 아무도 상대해주지 않으며 큰 일감도 잘 들어오지 않는다는 사실을 몇 번인가 글 쓰는 일을 해본 경험을 통해 알고 있었기 때문에 내 사무실이 필요하다고 생각했다. 그래서 사무실을 차릴 만한 건물을 여기저기 물색하고 다녔는데, 알아보니 사무실을 빌리려면 돈이 만만치 않게 필요했다. 그 사실을 알자 내심 걱정도 되었지만, 돈 생각은 하지 말고 먼저 행동을 시작해보라는 그분의 말이 생각나 친구에게 연락을 했다. 그러자 그 친구는 "그럼 먼저 제대로 된 명함을 만들어서 너 자신을 명확하게 알려 봐. 그리고 사무실은 그렇게 임대료가 비싼 건물을 무리하게 빌리지 말고 부스를 임대하면 그다지 돈이 안 들어갈 거야. 만약에 그 돈도 준비하기 힘들면 내 사무실에 공간을 마련해줄 테니까 거기를 써도 돼. 그리고 전화하고 팩스도 써도 좋아."라며 멋진 명함까지 만들어줬다. 이렇게 해서 순식간에 사무실이 해결되었고, 나는 내 사무실을 소유한 자유기고가가 될 수 있었다. 게다가 자금은 하나도 준비하지 않았는데 그분의 말처럼 된 것이다!

이렇게 해서 완성된 멋진 명함과 운 좋게 구한 사무실 그리고 의욕 만점의 나를 무기로 광고 대리점을 돌며 일감을 구해 즐겁게 일을 하다 보니 여기저기에서 많은 의뢰가 들어오게 되었다. 그리고 필연적으로 이에 따른 보수도 높아졌으며 돈도 많이 들어오게 되었다.

이처럼 자신을 크게 키우고 비약시키며 성공을 거둬 지금보다 돈을 많이 벌고 싶다는 마음만 있다면 돈 생각을 안 해도 할 수 있는 일은 얼마든지 있으며, 그것이 진정한 지혜의 산물이다. 결국 그분은 내게 '지혜를 짜낼 수 있는 사람은 돈이 없는 상태에서도 돈을 만들어낼 수 있다.'라는 사실을 가르쳐 주고 싶었던 것이다. 돈이 없다고 아무 것도 할 수 없는 것은 아니다. 돈도 없고 인맥도 없지만 '자, 지금부터 무엇을 해야 할까?', '지금부터 이렇게 하려면 어떻게 해야 할까?'를 생각할 수 있는 사람은 분명히 성공해 부자가 될 수 있다.

돈이 없어도 돈 생각을 잊고 즐겁게 일하면
큰돈을 줄 기회가 제 발로 찾아온다!

내가 아는 사람에게도 이와 비슷한 일화가 있어 소개할까 한다.

●●●

●●● 한 여성 기업가가 레스토랑을 경영했는데, 대지진으로 그 레스토랑이 무너지고 말았다. 당장 아무 거라도 가게를 열지 않으면 무너진 레스토랑을 정리하고 손을 뗄 수도 없었고 남아 있는 부채를 갚을 수도 없었다. 게다가 종업원들을 먹여 살릴 책임도 있고 자신도 생활 문제가 있기 때문에 무슨 일이 있어도 새로운 가게를 열어야 했다. 그러

나 무너진 가게와 자재를 수리하는 데 억 단위의 돈이 필요했기 때문에 남은 돈이라고는 한 푼도 없었다. 다음 사업을 전개할 자금도 방법도 없는 상황이었다.

그러나 그는 돈이 없다는 현실을 조금도 괴로워하지 않았다. 그런 걱정은 눈곱만큼도 없이 오로지 '지금 내가 할 수 있는 일은 무엇인가?', '지금 무슨 일을 해야 흥분이 될까?'와 같은 긍정적인 생각만 했다. 돈 문제에 대해서는 어떻게든 해결될 것이라며 평소처럼 낙관했다. 그 역시 '돈은 나중에 다 어떻게든 해결된다.'는 정신의 소유자였으며 그 이론을 이해하고 신뢰하는 사람이었다.

그러던 어느 날, 길을 걷던 그는 평소에 자주 보던 레스토랑 앞을 지나고 있었다. 그곳은 전부터 장사가 잘되어 부러운 눈초리로 바라보던 가게였다. 그런데 지금은 아무도 경영을 하지 않아 문을 닫은 상태였다. 게다가 아름답고 고급스러운 내장도 그대로며 모든 것이 갖춰진 상태였다. 그는 그 모습을 보자 '바로 이거야!'라고 무릎을 쳤다. 그리고 재빨리 근처 부동산 중개소에 가서 그 건물의 주인을 조사해 연락을 했다.

그 결과 그 건물의 주인이 레스토랑의 주인이며 책임자

라는 사실을 알게 되었다. 그 주인과는 안면이 있는 사이였는데, 나이가 조금 있고 완고하지만 수완이 좋은 노인이었다. 그는 즉시 그 노인에게 연락을 하고 만나러 가서 이렇게 말했다.

"그 가게 비어 있던데, 제가 경영하면 안 될까요?" 그러자 노인은 "좋소. 보증금은 2억원이고 임대료는 매달 5000만원이오."라고 말했다. 현재 그에게는 그만한 돈이 없었지만, 그런 문제는 신경 쓰지 않았기 때문에 "공짜로 빌려 주시면 안 될까요? 제가 경영하면 금방 젊은 여자애들이 모이는 곳으로 만들 수 있습니다. 흑자로 만들어서 이익금을 분배해 드릴 테니 가게를 그냥 빌려 주셨으면 합니다."라고 말을 했다. 그러나 그 말을 들은 노인은 당연히 화를 내며 "뭐라고? 지금 장난 하나? 돈을 준비한 다음에 다시 오게!"라고 소리치고 자리를 떴다.

그러나 그 가게에 손님을 불러모을 방법이 생각난 그는 그 아이디어를 들고 매일 노인을 찾아가 부탁을 했다. 그리고 노인을 만날 때마다 웃음을 잃지 않는 얼굴로 벌써 좋은 결과를 거둔 듯이 즐겁게 새로운 아이디어와 계획을 설명했다. 이렇게 1개월이 지난 어느 날, 노인은 마침내 "내가

졌소. 그렇게 가게가 하고 싶으면 한번 해보시오."라며 그가 내놓은 조건대로 계약서에 사인을 하게 되었다. 그는 뛸 듯이 기뻐하며 바로 가게 문을 열 준비를 시작했다. 가진 돈은 한 푼도 없었고 동전 한 닢 쓰지 않았는데도 커다란 기회와 부를 손에 넣은 것이다.

● ● ●

훗날 나는 그에게 "어떻게 그런 대담한 일을 할 수 있었죠? 그때 정말 아무 걱정도 안 하셨나요? 일이 잘 풀릴 줄 아셨나요?"라고 물었다. 그러자 그는 담담한 표정으로 이렇게 말했다.

"밑져야 본전이니까 시도해 본다고 손해 볼 건 없었죠.(웃음) 그리고 돈이라는 건 말이죠, 있는 사람한테 있다가 필요로 하는 사람한테로 오게 되어 있어요. 돈이 있는 사람은 돈에 목숨을 걸 필요가 없어요. 그런 사람들은 항상 자신도 뭔가 하고 싶어 하고 다른 누군가를 응원하고 싶어 해요. 돈을 버느냐 못 버느냐가 문제가 아니라 그런 일 자체가 즐거운 거예요. 그래서 전 돈 이야기는 한 마디도 안 하고 내가 하고 싶은 일과 그에 대한 정열을 보여줬을 뿐이에요. 그렇게 하면 일이 잘 풀린다는 걸 알고 있었거든요."

"네? 어째서 그렇죠?"

"전 항상 '돈이 필요하네.'라고 생각하면 곧바로 어떻게든 해결이 되었거든요. 그래서 그때도 돈 문제는 어떻게든 해결될 거고 뭔가 좋은 일이 찾아올 거라고 굳게 믿었더니 그렇게 되었어요."

역시 그도 부유함의 법칙을 잘 알고 있었던 것이다!

그래서 내가 "정말 대단하시네요······."라고 감탄하자, "지혜가 나온 것이죠. 곤란할 때일수록 오히려 풍요로운 생각을 하면요, 좋은 지혜가 나오고 무엇인가 좋은 일이 찾아와요."라고 웃으며 대답해 줬다.

항상 통을 크게

'입에 풀칠할 만큼'을 바라지
말고 더욱 큰 부를 원한다

이 세상은 '최소한'이 아닌 '더욱 더'를 추구해왔기 때문에 오늘날과 같은 풍요로운 사회가 될 수 있었다. 더욱 좋은 것과 더욱 편리한 것, 더욱 종류가 많은 것, 더욱 싼 것이나 비싼 것, 모두가 더욱 행복해할 수 있는 것이나 더욱 추구하는 것, 더욱 즐거운 것, 더욱 이용 가치가 있는 것을 추구했기 때문에 선택의 자유가 생겼고 풍요로워진 것이다. 많은 것들 중에서 무엇인가를 선택할 수 있다는 것은 매우 행복한 일이다. 만약 아무것도 고를 수 없다면 손에 넣을 수 있는 것은 한정되며 한계를 느끼게 될 것이다.

이는 이 세상뿐만 아니라 우리 가정의 경제도 마찬가지

다. 만약 '먹고 살 수만 있으면 그것으로 충분해.'라고 생각하는 사람이 있다면 그는 입에 풀칠할 정도로만 살 수 있게 된다. 반대로 '모든 게 넉넉했으면 좋겠어.'라고 생각하는 사람은 그런 넉넉한 생활을 하게 된다. 사람은 자신이나 남, 또는 무엇인가에 한계나 제한을 설정한 순간 그 한계와 제한을 실제로 만들어내게 된다. 특히 돈은 민감하게 반응한다. 돈은 사람의 마음과 에너지에 반응하기 때문에 적게 바라는 사람에게는 적게 가고 많이 바라는 사람에게는 많이 간다. 만약 여러분이 금전적인 불편 없이 풍요롭고 행복한 인생을 보내고 싶다면 먼저 해야 할 일은 돈을 버는 방법론을 익히는 것이 아니라 모든 것을 제한 없이 크게 바라는 마음(사고 회로)을 가지는 일이다. 그런 마음을 가질 수 있게 되기만 해도 필요한 것을 필요한 때 필요한 만큼 자신에게 가져다줄 수 있는 도구를 가진 것과 같다.

통이 큰 마음이 가져다주는 에너지와 아이디어, 기회, 인맥, 사건이 풍요로운 현실을 만들어가는 것이다.

감사하며 받는다

> 자신이 얻는 모든 것에 감사하면
> 더욱 좋은 것이 찾아온다!

현재 자신이 가지고 있는 것이나 다른 사람 또는 외부에서 찾아오는 것을 풍요로운 마음으로 받아들이고 감사하면 여러 각도에서 다양한 방식으로 좋은 것들이 여러분에게 쏟아져들어오게 된다. 자신이 가진 넉넉한 것을 다른 사람이나 외부에 주는 것도 물론 풍요를 부르는 중요한 법칙이지만, 그보다 더 중요한 것이 받아들이는 감각이다. 기껏 좋은 것이 여러분에게 찾아왔는데 당사자인 여러분이 "난 이렇게 좋은 것을 받으면 미안해서……."라며 필요 이상으로 사양하거나, "그런 건 받을 수 없어."라며 완강하게 거부하거나, "이걸 받으면 뭔가 좋지 않은 일이 생기거나 나중에 손해를 볼 것 같아."라며 받아들이는 것에 대한 두려움이나 불안감을 느낀다면 다시는 그런 좋은 것을 받지 못한다.

무언가를 받는다는 것은 그것을 준 사람의 마음을 받는 것이기도 하기 때문에 그 사람을 구원하는 일이기도 하다. 따라서 미안하게 생각할 필요가 없다. 다른 사람이 주는 것을 기쁘게 받아들이기만 해도 물건이나 돈뿐만 아니라 좋은 기회와 사건, 중요 인물, 행복과 만날 수 있게 되는 것이다. 모든 것은 그것을 받아들임으로써 다음 풍요로 이어지게 되어 있다. 부자가 되었거나 출세를 해 성공한 사람들은 좋은 것을 원하고 그것을 받아들이며 나아가서 그것을 다른 사람과 나누는 풍요의 순환을 잘 실천한다. 좋은 것을 받은 사람은 나머지를 다시 다른 사람이나 외부에 줄 수도 있기 때문에 풍요의 순환을 만들어내는 것이다.

그렇게 받기도 하고 주기도 하는 사람에게 더욱 커다란 부가 찾아오게 되는 것이 우주의 법칙이다.

Affluent & Happy Column

돈과 풍요함이 쏟아져들어오는 마법의 단어

다음과 같은 말과 그것이 의미하는 바를 잘 이해하고 있으면 풍요로운 파동이 내부에서 자라며, 그에 따른 결과가 외부에서 일어나게 된다. 입으로 중얼거려도 되고 마음속으로 생각해도 되므로 이 말에 친숙해지자. 또 이 말을 자신을 위해서 해도 되고 다른 사람을 위해서 해도 된다.

- ●● 세상은 항상 나를(너를) 보호해주고 좋은 일만 일어나게 해주고 있어!
- ●● 오늘도 기쁘고 좋은 일들이 잔뜩 찾아올 거야!
- ●● 돈이 즐거운 마음으로 친구들을 잔뜩 데리고 내게(너한테) 올 거야!
- ●● 더 큰 사랑과 부와 성공과 번영과 비약이 나를 위해 찾아와(너를 위해 찾아와) 놀랄 만큼 감동적인 인생이 될 거야!
- ●● 돈도, 좋아하는 사람도, 일도, 이루고 싶은 꿈과 성공도, 나를 위해 가장 좋은 모습으로 찾아와(너를 위해 가장 좋은 모습으로 찾아와) 행복 가득하고 감동적인 하루하루를 만들어줄 거야!
- ●● 우주 은행에 저금한 돈(풍요)이 큰 이자까지 붙어서 엄청난 액수가 되었어. 이제 곧 만기가 되면 내 손에(네 손에) 들어올 거야!
- ●● 고맙습니다. 감사합니다. 너무 기쁩니다. 정말 행복합니다. 제 인생은 풍요롭고 좋은 일들로 가득합니다!

지금 상황이 어떻든 잠재의식과 현재의식 속에서 이 말들을 인식하고 사용하면 우주에 있는 부의 원천과 연결되어 실제로 부와 풍요를 손에 넣을 수 있게 될 것이다.

역자 후기

 사람은 누구나 부자가 되고 싶어 한다. 큰 부자가 되고 싶은 생각은 없더라도 최소한 빚지지 않고 돈 걱정 없이 살고 싶기는 누구나 마찬가지일 것이다. 돈으로는 행복을 살 수 없다고 하지만(아, 이 책에서는 이런 말도 하지 말라고 했는데……), 사실 돈으로 살 수 있는 행복은 얼마든지 있다.
 이 책은 이렇게 부자가 되고 싶은 사람들, 특히 여성들을 위해 쓴 책이라 할 수 있다. 그렇다고 해서 재테크하는 법을 알려주거나 돈 버는 방법을 가르쳐주지는 않는다. 글쓴이는 부자가 되는 사람들은 어떤 생각을 하고 어떻게 말하며 행동하는지 가르쳐주고, 여러분도 그렇게 하면 부자가 될 수 있을 것이라고 말한다. 마음과 돈은 밀접한 연관성이 있기 때문에 마음이 풍요로우면 돈도 풍부하게 들어오고, 마음이 각박하면 돈도 조금밖에 들어오지 않는다는 것이다. 또한 글쓴이는 돈을 어떻게 버느냐 뿐만 아니라 어떻게 쓰는가도 중요하다고 강조한다. 돈은 유동성이 강하며 순환하는 에너지와 같기 때문에 계속 쥐고만 있어서는 안 되며 감사하는 마음으로 돈을 놓아줘야 그 돈이 친구들을 데리고 다시 돌아온다는 주장이다. 재미있는 생각이 아닌가? 또한 글쓴이가 보고 듣고 경험한 사례들은 이러한 주장을 적절히 뒷받침해준다(일부 예외도 있다). 그밖에 몇 가지 부수적인 내용도 있으나 이 책의 전체적인 내용을 한 줄로 요약하자면 다음과 같다.

'하늘은 스스로 돕는 자를 돕는다.'

마침 글쓴이는 하늘(우주)에서 돈을 내려준다고 생각하므로 딱 어울리는 요약이 아닐까 싶다.

사실 이 책에 나온 대로 생각하고 말하고 행동하면 부자가 될 수 있을지는 잘 모르겠다. 또 부자는 이러이러해서 부자가 되었고 가난한 사람은 저러저러해서 가난하다는 식의 지나친 이분법적 사고방식이 책 곳곳에서 엿보이기도 한다. 그리고 일부이기는 하지만 책에 나온 몇몇 사례들이 조금은 현실적이지 못하고 억지스러운 느낌을 주는 것도 사실이다. 그러나 그런 점을 감안하더라도 이 책에서 주장하는 바는 일리가 있다고 생각하며, 실천해보는 것도 나쁘지는 않다고 본다. 부정적인 마음가짐보다 긍정적인 마음가짐으로 세상을 사는 편이 좋지 않겠는가? 또 실천하는 데 그렇게 무리가 있을 내용도 없다. 우리도 작가처럼 매사에 감사하면서 살아보면 어떨까? 지금보다 조금은 행복해지지 않을까? 그렇다면 부자가 되지는 못하더라도 이 책을 읽은 보람은 있을 것이다.

  이 책을 번역하면서 옮긴이도 곰곰이 생각해봤다. 나는 부자가 될 수 있을까? 번역을 끝내고 내린 결론은 이렇다. '지금 상태로는 무리야.' 아아, 나도 마음가짐을 바꿔 봐야겠다. 당장 화장실 청소부터 시작해볼까?

크리스마스 이브에……

돈 잘 버는 여자들의
1% 튀는 전략

개정 1쇄 인쇄 2008년 3월 15일
개정 1쇄 발행 2008년 3월 28일

지 은 이　요시카와 나미
옮 긴 이　김정환
발 행 인　김청환
발 행 처　이너북
책임편집　이선이

등　　록　제 313-2004-000100호
주　　소　서울시 마포구 대흥동 257-5 2F
전자우편　innerbook@naver.com
전　　화　02-323-9477
팩　　스　02-323-2074

ISBN 978-89-91486-30-0 13320

www.innerbook.co.kr

값은 표지 뒷면에 표기되어 있습니다.
파본은 교환해 드립니다.

이너북은 독자 여러분의 의견을 소중하게 생각합니다.